메시지 | 이사야

KB214817

THE MESSAGE: Isaiah

Eugene H. Peterson

이사야

유진 피터슨

복 있는 사람

메시지 | 이사야

2019년 9월 18일 초판 1쇄 인쇄
2019년 9월 27일 초판 1쇄 발행

지은이 유진 피터슨
옮긴이 이종태
감수자 김회권
펴낸이 박종현

도서출판 복 있는 사람
주소 서울특별시 마포구 연남동 246-21 (성미산로23길 26-6)
전화 02-723-7183(편집), 7734(영업·마케팅) 팩스 02-723-7184
이메일 hismessage@naver.com
등록 1998년 1월 19일 제1-2280호

ISBN 978-89-6360-310-0 00230

이 도서의 국립중앙도서관 출판예정도서목록(CIP)은 서지정보유통지원시스템 홈페이지(http://seoji.nl.go.kr)와 국가자료공동목록시스템(http://www.nl.go.kr/kolisnet)에서 이용하실 수 있습니다. (CIP 제어번호: 2019034861)

차례

일러두기

- 유진 피터슨의 『메시지』 영어 원문을 번역하면서, 한국 교회의 실정과 환경을 고려하여 『메시지』 한글 번역본의 극히 일부분을 의역하거나 문장과 용어를 바꾸었다.
- 유진 피터슨은 『메시지』 영어 원문에서, 유일무이한 하나님의 인격적 이름을 주(LORD) 대신에 대문자 GOD로 번역했다. 따라서 『메시지』 한국어판은 많은 논의와 신학 감수를 거쳐, 원저자의 의도를 반영해 '주'(LORD) 대신에 강조체 '**하나님**'(GOD)으로 표기했다.
- 『메시지』 한국어판의 도량형(길이, 무게, 부피)은 『메시지』 영어 원문을 기초로 하여, 오늘날 우리나라에서 일반적으로 통용되는 단위로 환산해 표기했다.
- 지명, 인명은 대한성서공회에서 발행한 『개역개정』 『새번역』 성경의 원칙을 따랐다.

『메시지』를 읽는 독자에게

『메시지』에 독특한 점이 있다면, 현직 목사가 그 본문을 다듬었기 때문일 것이다. 나는 성경의 메시지를 내가 섬기는 사람들의 삶 속에 들여놓는 것을 내게 주어진 일차적 책임으로 받아들이고 성인 인생의 대부분을 살아왔다. 강단과 교단, 가정 성경공부와 산상수련회에서 그 일을 했고, 병원과 양로원에서 대화하면서, 주방에서 커피를 마시고 바닷가를 거닐면서 그 일을 했다. 『메시지』는 40년간의 목회 사역이라는 토양에서 자라난 열매다.

인간의 삶을 만들고 변화시키는 하나님의 말씀은, 내가 『메시지』 작업을 하는 동안 정말로 사람들의 삶을 만들고 변화시켰다. 우리 교회와 공동체라는 토양에 심겨진 말씀의 씨앗은, 싹을 틔우고 자라서 열매를 맺었다. 현재의 『메시지』를 작업할 무렵에는, 내가 수확기의 과수원을 누비며 무성한 가지에서 잘 영근 사과며 복숭아며 자두를 따고 있다는 기분이 들곤 했다. 놀랍게도 성경에는, 내가 목회하는 성도며 죄인인 사람들이 살아 낼 수 없는 말씀, 이 나라와 문화 속에서 진리로 확증되지 않는 말씀이 단 한 페이지도 없었다.

내가 처음부터 목사였던 것은 아니다. 원래 나는 교사의 길에 들어서서, 몇 년간 신학교에서 성경 원어인 히브리어와 그리스어를 가르쳤다. 남은 평생을 교수와 학자로 가르치고 집필하고 연구하며 살겠거니 생각했었다. 그러다 갑자기 직업을 바꾸어 교회 목회를 맡게 되었다.

뛰어들고 보니, 교회는 전혀 다른 세계였다. 제일 먼저 눈에 띈 차이는, 아무도 성경에 별로 관심이 없어 보인다는 점이었다. 얼마 전까지만 해도, 사람들은 내게 돈을 내면서까지 성경을 가르쳐 달라고 했는데 말이다. 내가 새로 섬기게 된 사람들 중 다수는, 사실 성경에 대해 아무것도 몰랐다. 성경을 읽은 적도 없었고, 배우려는 마음조차 없었다. 성경을 몇 년씩 읽어 온 사람들도 많았지만, 그들에게 성경은 너무 익숙해서 무미건조하고 진부한 말로 전락해 있었다. 그들은 지루함을 느낀 나머지 성경을 제쳐 둔 상태였다. 그 양쪽 사이에 있는 사람은 많지 않았다. 내가 가장 중요하게 여긴 일은, 성경 말씀을 그 사람들의 머리와 가슴 속에 들여놓아서, 성경의 메시지가 그들의 삶이 되게 하는 것이었다. 그러나 거기에 관심을 갖는 사람은 거의 없었다. 신문과 잡지, 영화와 소설이 그들 입맛에 더 맞았다.

결국 나는, 바로 그 사람들에게 성경의 메시지를 듣게—정말로 듣게—해주는 일을 내 평생의 본분으로 삼게 되었다. 그것이야말로 확실히 나를 위해 예비된 일이었다.

나는 성경의 세계와 오늘의 세계라는 두 언어 세계에 살

고 있었다. 나는 언제나 그 두 세계가 같은 세계인 줄 알았
다. 그러나 사람들은 그렇게 보지 않았다. 나는 어쩔 수 없
이 "번역가"(당시에는 그런 표현을 쓰지 않았지만)가 되었다.
날마다 그 두 세계의 접경에 서서, 하나님이 우리를 창조하
시고 구원하시고 치유하시고 복 주시고 심판하시고 다스리
실 때 쓰시는 성경의 언어를, 우리가 잡담하고 이야기하고
길을 알려 주고 사업하고 노래 부르고 자녀에게 말할 때 쓰
는 오늘의 언어로 옮긴 것이다.

　그렇게 하는 동안, 성경의 원어—강력하고 생생한 히브
리어와 그리스어—는 끊임없이 내 설교의 물밑에서 작용했
다. 성경의 원어는 단어와 문장을 힘 있고 예리하게 해주고,
내가 섬기는 사람들의 상상력을 넓혀 주었다. 그래서 오늘
의 언어 속에서 성경의 언어를 듣고, 성경의 언어 속에서 오
늘의 언어를 들을 수 있게 해주었다.

　나는 30년간 한 교회에서 그 일을 했다. 그러던 어느 날
(1990년 4월 30일이었다), 한 편집자가 내게 편지를 보내 왔
다. 그동안 내가 목사로서 해온 일의 연장선에서 새로운 성
경 번역본을 집필해 달라는 청탁의 편지였다. 나는 수락했
다. 그 후 10년은 수확기였다. 그 열매가 바로 『메시지』다.

　『메시지』는 읽는 성경이다. 기존의 탁월한 주석성경을 대
체하기 위한 것이 아니다. 내 취지는 간단하다. (일찍이 우
리 교회와 공동체에서도 그랬듯이) 성경이 충분히 읽을 수 있
는 책이라는 사실을 모르는 사람들에게 성경을 읽게 해주

고, 성경에 관심을 잃은 지 오래된 사람들에게 성경을 다시 읽게 해주는 것이다. 그렇다고 굳이 내용을 쉽게 하지는 않았다. 성경에는 이해하기 어려운 부분도 많이 있다. 그래서 『메시지』를 읽다 보면, 더 깊은 연구에 도움이 될 주석성경을 구하는 일이 조만간 중요하게 여겨질 것이다. 그때까지는, 일상을 살기 위해 읽으라. 읽으면서 이렇게 기도하라. "하나님, 말씀하신 대로 내게 이루어지기를 원합니다."

유진 피터슨

이사야에게 말이란, 참된 것과 아름다운 것과 선한 것을 만들어 내는 물감이요 멜로디요 조각칼이라 할 수 있다. 경우에 따라서는, 죄와 악과 반역을 부서뜨리는 망치요 창이요 메스가 되기도 한다. 이사야는 그저 정보만을 전달한 예언자가 아니다. 그는 비전을 창조하고 계시를 전하고 믿음을 세워 준 사람이다. 그는 실로 근본적 의미에서의 시인, 곧 장인이다. 하나님의 현존을 우리 피부에 와 닿게 하기 때문이다. 이사야는 히브리 민족이 낳은 최고의 예언자요 시인이다.

믿음으로 사는 이들, 하나님의 말씀으로 빚어지고자 늘 자신을 드려 거룩을 추구하며 사는 이들에게, 이사야는 실로 우뚝 솟은 산이다. 그렇다. 거룩. 이사야서에서 볼 수 있는 가장 특징적인 하나님의 호칭은 다름 아닌 "거룩하신 분"이다. 이 광대한 책은 고대 이스라엘 백성에게 전해진 메시지 모음집으로, 읽는 이들을 거룩하신 분의 현존과 역사(役事) 속에 빠뜨린다. "만군의 하나님께서 정의를 행하심으로, 산이 될 것이다. 거룩하신 하나님께서 의를 행하심으로, '거룩'이 무엇인지 보여주실 것이다"(사 5:16).

이사야의 말은 '거룩'에 대한 우리 생각을 바꾸어 놓는다. 지금까지 거룩이 그저 경건한 말, 별다른 감흥 없는 밋밋한 숭한 말에 지나지 않았다면, 이사야의 설교는 그 단어를 불덩이 같은 그 무엇으로 바꾸어 놓는다. 거룩은 우리가 삶에서 가져 볼 수 있는 가장 매혹적이고 가장 강렬한 체험이다. 그저 겉핥기식 삶이 아닌, 삶의 진수를 있는 그대로 맛보는 것, 그것이 바로 거룩이다. 우리는 하나님이 직접 행하고 계신 일들 속으로 뛰어들게 된다. 그저 그 일들에 대해 입으로 떠들거나 책으로 읽는 것이 아니라는 말이다. 거룩은 거기 들어오는 자들을 완전히 녹여서 새로운 존재로 만들어 내는 용광로다. 그래서,

"누가 이 불폭풍에서 살아남을 수 있으랴? 누가 이 대숙청을 모면할 수 있으랴?" 하고 묻는다.

답은 간단하다.
의롭게 살면서
진실을 말하며,
사람을 착취하는 일을 혐오하고
뇌물을 거절하여라.
폭력을 거부하고
악한 유흥을 피하여라.
이것이 너의 삶의 질을 높이는 길이다!

안전하고 안정된 삶을 사는 길,

넉넉하고 만족스러운 삶을 사는 길이다(사 33:14-16).

'거룩, 거룩, 거룩'은 장식용으로 수놓은 레이스가 아니다. 그것은 혁명의 깃발이다. 진정한 혁명이다.

이사야서는 실로 광범위한 책이다. 이 지구 행성에서 하나님의 백성으로 살아가는 일에 포함된 거의 모든 것을 다루고 있다. 이사야는 하나님께서 우리의 지극히 일상적이고 때로 실망스러운 경험을 들어, 창조와 구원과 희망의 일들을 이루시는 과정을 보여준다. 이것이 바로 이 책의 특징이다. 이 방대한 파노라마가 펼쳐지는 광경을 보며 우리는 깨닫는다. 이 세상과 우리 인생에, 하나님이 사용하실 수 없는 것은 아무것도 없다는 사실을 말이다. 하나님께서는 존재하는 모든 것과 모든 사람을 당신의 일을 위한 재료로 사용하시며, 우리가 엉망진창으로 만들어 놓은 삶을 다시 고쳐 사용하신다.

"두고 보아라. 너를 푸대접했던 자들,

천대받게 될 것이다.

실패자가 될 것이다.

너를 대적하던 자들,

빈털터리가 될 것이다.

아무것도 보여줄 것 없는 신세가 될 것이다.

네가 옛 적들을 찾아보려고 해도

찾지 못하리라.

너의 옛 원수들, 흔적조차 남지 않을 것이다.

기억하는 자 하나 없으리라.

그렇다. 나 너의 하나님이,

너를 꽉 붙잡고, 결코 놓지 않기 때문이다.

내가 네게 말한다. '겁먹지 마라.

내가 여기 있다. 내가 너를 도우리라'"(사 41:11-13).

'교향곡'은 단순성과 복잡성이 절묘하게 어우러진 이사야서의 특징을 묘사할 때 많은 사람들이 즐겨 쓰는 표현이다. 이사야서의 중심 주제는 뚜렷하다. '하나님이 이루시는 구원', 바로 이것이다. 이사야서는 '구원 교향곡'이다(이사야라는 이름 자체가 "하나님이 구원하신다"라는 뜻이다). 이 웅장한 교향곡에는 작품 전체에 걸쳐 반복되고 발전되는 주된 주제 셋이 있으니, 바로 '심판'과 '위로'와 '희망'이다. 이 세 가지 주제는 거의 모든 장에서 발견되는데, 하나하나가 하나님의 구원역사를 힘 있게 펼쳐 놓은 세 '악장'의 주제이기도 하다. 다시 말해 이사야서는 '심판의 메시지'(1-39장), '위로의 메시지'(40-55장), 그리고 '희망의 메시지'(56-66장)로 이루어져 있다.

이사야

1 ¹ 아모스의 아들 이사야가 유다 왕 웃시야, 요담, 아하스, 히스기야의 재위기간에 유다와 예루살렘에 대해 본 환상이다.

²⁻⁴ 하늘아 땅아, 너희 배심원들아,
하나님의 진술에 귀를 기울여라.
"내게 자식들이 있다. 애지중지 키운 자식들이다.
그런데 그들이 내게 등을 돌렸다.
소도 제 주인을 알아보고
노새도 제게 먹이 주는 손을 알아보는 법이건만,

이스라엘은 그렇지 못하다.
내 백성은 도무지 알지 못한다.
아, 이 무슨 꼴인가! 죄에 눌려 비틀비틀하며
하나님의 길에서 탈선한 낙오자들,
사악한 무뢰배,
야만스런 패거리다.
내 백성이 저희의 **하나님**인 나를 떠났고,
'이스라엘의 거룩한 이'인 내게 등을 돌렸다.
뒤도 돌아보지 않고 떠나가 버렸다.

5-9 한사코 고집부리는 너희,
내가 무엇을 할 수 있겠느냐?
자기 머리로 계속 벽을 들이박고
온몸으로 나를 거스르는 너희,
머리끝에서 발끝까지,
어디 성한 곳 하나 없다.
온몸이 상처와 멍, 고름 흐르는 종기로 뒤덮였는데,
치료도 받지 못하고, 씻지도 못하고, 붕대도 감지 못했다.
너희 땅은 황폐해졌고,
너희 성읍들은 불타 버렸다.
온 땅이 너희 눈앞에서 이방인들에게 짓밟혀,
미개인들에게 결딴나 버렸다.
딸 시온이 버림을 받았다.

막다른 골목의 다 쓰러져 가는 폐가처럼,
인적 없는 곳의 초라한 판잣집처럼,
쥐들도 다 떠난 침몰하는 배처럼 되고 말았다.
만군의 **하나님**께서 얼마라도 생존자들을 남겨 두시지 않았
더라면,
우리는 그야말로 소돔처럼 폐허가 되고, 고모라처럼 망했을
것이다.

¹⁰ 너희, 소돔을 좇아가는 지도자들아,
내 **메시지**에 귀를 기울여라.
너희, 고모라를 좇아가는 지도자들아,
하나님의 계시를 받아들여라."

11-12 **하나님**께서 물으신다.
"이 정신없이 널려 있는 제물은 다 무엇이냐?
번제물, 숫양, 포동포동한 송아지들,
나는 이미 질리도록 먹었다.
황소, 어린양, 염소들의 피도 지겹다.
대체 어디서 배워 먹은 짓들이냐?
누가 내 앞에서 이리저리 뛰어다니고, 이 짓 저 짓 벌이며
예배장소에서 이렇듯 소란을 피우라고 가르치더냐?

13-17 예배 시늉 놀이, 이제 그만 집어치워라.

같잖은 경건 놀음, 더 이상 참아 줄 수가 없다.
달마다 열리는 회합, 주마다 돌아오는 안식일, 갖가지 특별 모임,
모임, 모임, 모임, 더는 못 참겠다!
이런저런 목적의 집회들, 나는 싫다!
정말 신물이 난다!
죄는 죄대로 지으면서
경건, 경건, 경건을 떠벌이는 너희가 지겹다.
이제 너희가 기도 쇼를 벌여도,
나는 외면할 것이다.
아무리 오래, 아무리 크게, 아무리 자주 기도해도
나는 듣지 않을 것이다.
왜 그런지 아느냐?
너희가 사람을 찢어발겼기 때문이다. 너희 손에 피가 흥건하다.
집에 가서 씻어라.
너희 행실을 씻어라.
너희 삶에서 악행을 깨끗이 씻어 내어
내 눈에 보이지 않게 하여라.
바르지 못한 일에 대해서는 '아니요'라고 말하여라.
선한 일을 배워 행하여라.
정의를 위해 일하여라.
낙오자들을 도와주어라.
집 없는 이들을 대변해 주어라.

힘없는 자들을 변호해 주어라."

18-20 **하나님**의 메시지다.
"여기 와 앉아라. 한번 끝까지 따져 보자.
너희 죄가 피처럼 붉으냐?
눈처럼 새하얘질 것이다.
너희 죄가 주홍빛처럼 붉으냐?
양털처럼 하얘질 것이다.
너희가 순종하고자 하면,
왕처럼 잔치를 즐기게 될 것이다.
그러나 완고하게 고집을 부린다면,
너희는 개처럼 죽게 될 것이다."
그렇다. **하나님**의 말씀이다.

하나님을 떠나간 자들

21-23 오! 믿어지느냐? 순결했던 성읍이
창녀가 되었다!
전에는 정의 빼면 시체였던 그녀,
서로 좋은 이웃으로 살았던 자들이,
이제는 서로가
서로의 목을 노린다.
너희 돈은 위조지폐고,
너희 포도주는 물 탄 가짜다.

너희 지도자들은
사기꾼과 내통하는 변절자들이다.
그들은 가장 높은 값을 부르는 자들에게 자신을 팔아넘기며,
뭐든지 닥치는 대로 집어삼킨다.
그들은 집 없는 이들을 대변하는 법이 없고,
힘없는 자들을 변호해 주는 법도 없다.

24-31 그러므로, 주 곧 만군의 **하나님**,
'이스라엘의 전능하신 분'의 포고다.
"이제, 나를 대적하던 자들을 가만두지 않겠다!
내 원수들에게 보복하겠다.
귀싸대기를 갈겨서라도
너의 삶에서 쓰레기를 치우고, 너를 깨끗이 청소해 주겠다.
처음으로 되돌아가,
네 가운데 정직한 재판관과 현명한 조언자들이 서게 하겠다.
그러면 너는 새 이름을 갖게 될 것이다.
'백성을 바르게 대하는 성읍', '참 푸른 성읍'이라 불릴 것이다."
하나님의 바른 길이 시온을 다시 바로 세워 줄 것이다.
하나님의 올바른 조처가 회개한 백성을 회복시킬 것이다.
그러나 반역자와 **하나님**을 배신한 자들은 끝장날 것이다.
하나님을 저버린 자들은 막다른 골목에 몰릴 것이다.
"저 상수리나무 숲 산당에서 농탕질을 벌인 너희,
최신 유행하는 신과 여신의 동산을 찾아다니며

얼빠진 짓거리를 벌인 너희는,
천하제일의 얼간이로 판명날 것이다.
결국
잎이 다 떨어진 상수리나무처럼 되고 말 것이다.
물이 말라
시들어 죽은 정원처럼 되고 말 것이다.
강한 자가 죽은 나무껍질, 죽은 잔가지에 불과하고,
그가 벌이는 일이란 화재나 일으키는 불똥일 뿐임이 드러날
것이며,
그 화재로, 그와 그의 모든 일이,
재와 연기만 남긴 채 사라질 것이다."

하나님의 산에 오르자

2

¹⁻⁵ 유다와 예루살렘에 관해 이사야가 받은 **메시지**다.

하나님의 집이 서 있는 산이
모든 산 위로 우뚝 솟은,
으뜸 산이 될 날이 오고 있다.
모든 민족이 그리로 모여들고,
사방에서 사람들이 찾아올 것이다.
그들이 말하리라.
"자, **하나님**의 산에 함께 오르자.
야곱의 하나님의 집으로 가자.

그분이 우리에게 그분의 길을 보여주실 것이다.
그러면 우리, 가야 할 길을 알게 될 것이다."
시온에서 계시가 흘러나온다.
하나님의 **메시지**가 예루살렘에서 나온다.
그분이 민족들 사이의 일을 공정하게 처리하시고,
못 백성 사이의 일을 바로잡아 주시리라.
사람들은 칼을 쳐서 삽을 만들고,
창을 쳐서 괭이를 만들 것이다.
민족과 민족이 더 이상 싸움을 벌이지 않고,
전쟁이 사라질 것이다.
야곱 가문아,
이제 **하나님**의 빛 가운데 살자.

6-9 **하나님**, 주께서 주의 가문 야곱을 버리신 것은
그들이 거짓 종교로,
블레셋 마술과 이방 요술로,
주체 못할 재물들로,
온갖 물건들로,
무수한 기계와 도구들로,
온갖 종류, 온갖 크기의 신들로 꽉 차 있기 때문입니다.
저들은 자기 손으로 신을 만들어서 그 앞에 경배합니다.
시궁창에 얼굴을 처박은 타락한 종족입니다.
그들에게 신경 쓰지 마십시오! 용서하실 만한 가치가 없는

자들입니다!

콧대 높았던 자들, 콧대가 납작해질 것이다

¹⁰ 언덕으로 내빼라.

동굴로 숨어들어라.

무시무시한 **하나님**을 피해,

눈부신 그분의 임재를 피해 숨어라.

¹¹⁻¹⁷ 목에 힘주고 다니던 자들, 목이 꺾일 것이다.

콧대 높았던 자들, 콧대가 꺾일 것이다.

우리가 말하는 그날에,

오직 **하나님**만이 우뚝 서시리라.

그날, 만군의 **하나님**께서

모든 허세 부리는 것들,

모든 뽐내는 것들과 맞서신다.

높이 솟은 거목들,

거대한 밤나무와 맞서신다.

킬리만자로와 안나푸르나,

알프스 산맥, 안데스 산맥과 맞서신다.

하늘 높은 줄 모르는 마천루와 맞서시며,

웅장한 오벨리스크와 신상들과 맞서신다.

대양을 항해하는 큰 배들과 맞서시며,

우아한 호화 범선과 맞서신다.

허풍 가득한 자들, 결국 바람이 빠질 것이다.
콧대 높았던 자들, 콧대가 납작해질 것이다.
우리가 말하는 그날에,
오직 **하나님**만이 우뚝 서시리라.

[18] 신처럼 보이게 하려고 꾸민
막대기와 돌멩이들이
죄다 영구히 사라질 것이다.

[19] 절벽동굴 속으로 기어올라라.
무슨 구멍이든 보이는 대로 찾아 들어라.
무시무시한 **하나님**을 피해,
눈부신 그분의 임재를 피해 숨어라.
하나님께서 땅 위에 우뚝 서시며,
무섭도록 높이 서시는 그날에.

[20-21] 그날이 오면,
사람들은 신처럼 보이게 하려고
금과 은으로 꾸며 경배하던
막대기와 돌멩이들을
아무 하수구나 도랑에
던져 버리고서,
바위굴이나

절벽에 난 구멍을 찾아 도망칠 것이다.
무시무시한 **하나님**을 피해,
그분의 눈부신 임재를 피해 숨을 것이다.
하나님께서 땅 위에 우뚝 서시며,
무섭도록 높이 서시는 그날에.

²² 인간에 불과한 존재들에게 아첨하는 짓을 그만두어라.
그들은 자아와 허풍으로 가득할 뿐,
별 볼 일 없는 존재인 것을 모른단 말이냐?

다 쓰러져 가는 예루살렘

3 ¹⁻⁷ 만군의 주 **하나님**께서,
예루살렘과 유다에서
빵과 물을 시작으로
모든 생필품이
동나게 하신다.
경찰과 치안,
재판관과 법정,
목사와 교사,
지휘관과 장군,
의사와 간호사,
심지어 수리공이나 잡기에 능한 자들까지 모두 사라지게
하신다.

그분께서 말씀하신다.
"이제 내가 철부지 꼬마들이 성읍을 맡도록 할 것이다.
어린아이들이 명령권자가 되게 하겠다.
사람들은 서로 목을 노리고
서로 등 뒤에 칼을 꽂을 것이다.
이웃과 이웃, 젊은이와 늙은이,
무지렁이와 명망가들이 서로 맞설 것이다.
한 사람이 자기 형제를 붙들고 말할 것이다.
'너는 그래도 머리가 좀 되잖아.
뭔가 해봐!
이 진창에서 우리를 구해 줘!'
그러면 그가 말할 것이다. '무슨 소리! 나도 갈팡질팡하는데!
내게 책임을 맡길 생각 마.'

8-9 예루살렘이 다 쓰러져 가고 있다.
유다가 망하기 직전이다.
사람들이 하는 모든 말과 행동이
다 하나님과 어긋난다.
내 뺨을 후려치는 격이다.
썩을 대로 썩어 철면피가 된 그들,
타락한 소돔처럼 오히려 자신의 죄를 과시한다.
그들의 영혼에 영원히 화가 있으리라!
이제, 그들은 스스로 뿌린 씨를 거둘 때다.

10-11 의인들에게 전하여라.
그들의 선한 삶은 보상받을 것이다.
그러나 악인들에게는 화가 있을 것이다! 재앙이 닥치리라!
그들이 행한 그대로 되돌려 받을 것이다.

12 주먹만한 꼬마 아이들에게 내 백성이 당한다.
우스꽝스런 여자아이들이 내 백성을 괴롭힌다.
내 사랑하는 백성들아! 네 지도자들은 지금 너를 막다른 골
목으로 데려가고 있다.
가봐야 소용없는 길로 보내고 있다."

하나님께서 백성을 재판하시다
13-15 **하나님**께서 법정에 입장하신다.
자기 백성을 재판하러 자리에 앉으신다.
명령을 내리셔서,
자기 백성의 지도자들을 끌어다가 피고석에 앉히신다.
"너희가 이 나라를 결딴냈다.
너희 집 안에는, 가난한 이들에게서 도적질한 것들로 꽉 차
있다.
내 백성을 짓밟고
가난한 이들의 얼굴을 흙바닥에 처박다니, 있을 수 있는 일
이냐?"
만군의 주 **하나님**의 말씀이다.

16-17 **하나님께서 말씀하신다.** "시온의 여자들,
하이힐을 신고 우쭐거리며 다닌다.
싸구려 보석을 주렁주렁 걸친 채
머리카락 흩날리며,
엉덩이를 흔들며
거리의 남자들에게 추파 던지며 돌아다닌다."
그 시온의 여자들을, 주님은 모두
대머리로 만드실 작정이다.
경멸받는 대머리 여자들이 되게 하실 작정이다.
주께서 그렇게 하실 것이다.

18-23 주께서 그들이 걸친 싸구려 노리개들을 다 벗기실 날이
오고 있다. 대롱대롱 매달린 귀걸이, 발찌, 팔찌, 빗, 거울,
실크 스카프, 다이아몬드 브로치, 진주 목걸이, 손가락 반
지, 발가락 반지, 최신 유행 모자, 외국 향수, 최음제, 가운,
망토, 그리고 세계 최고의 직물과 디자인이라는 것을 모두
벗기실 것이다.

24 호리는 향수 냄새가 아니라,
이 여자들에게서 배추 썩는 냄새가 날 것이다.
멋지게 늘어진 가운이 아니라,
누더기를 걸치게 될 것이다.
폼 나는 머리가 아니라,

꾀죄죄한 머리를 하게 될 것이다.
애교점 대신
상처딱지와 흉터를 갖게 될 것이다.

25-26 너희 최고 전사들이 죽임당하고,
군인들이 전쟁터에서 쓰러질 것이다.
시온으로 들어가는 입구가
사람들의 애곡소리로 뒤덮일 것이다.
상실의 무게를 이기지 못해 엎어진 도성,
슬픔에 눌려 무릎 꿇은 도성이 될 것이다.

4 ¹ 그날에 여자 일곱이
남자 하나에게 떼로 덮치면서 말할 것이다.
"우리 몸은 우리가 알아서 돌보겠소.
우리 먹을 음식과 옷은 우리가 알아서 해결하겠소.
다만 우리에게 아이를 갖게 해주오. 우리를 임신시켜 주오.
그래서 우리에게 살아갈 이유가 있게 해주오!"

하나님의 가지

2-4 그날에 '**하나님의 가지**'가 움터 나오리라. 싱싱하고 푸르
게 움터 나오리라. 이스라엘의 살아남은 자들이 자기 나라
의 산물을 다시금 자랑거리로 삼고, 오, 그들이 다시 머리를

들게 되리라! 시온에 남겨진 자들, 예루살렘의 버림받고 거절당한 자들 모두가, 거룩한—살아 있고 소중한—이들이라 불리게 되리라. **하나님**께서 시온의 여인들을 목욕시켜 주시고, 피로 물든 성읍에서 폭력과 잔인함을 씻어 내시며, 불폭풍 심판으로 깨끗하게 해주시리라.

5-6 **하나님**께서 옛적의 구름기둥과 불기둥으로 시온 산과 거기 모인 모든 자들 앞에 밤낮 영광스럽게 임하실 것이다. 그 거대한 보호의 임재가, 그들에게 불볕을 피할 그늘, 폭우를 피해 숨을 곳이 되어 주리라.

최상품 포도를 기대했건만

5 1-2 내가 사랑하는 분에게, 노래 하나 지어 불러 드리려 하네.

그분의 포도원에 대한 사랑 노래를.

사랑하는 그분에게 포도원이 하나 있었다네.

좋은 땅의 아름다운 포도원이었지.

그분은 땅을 일구고 잡초를 뽑아내어,

최상품 포도나무를 심었다네.

망대를 세우고, 포도주 짜는 곳도 만들었지.

자랑할 만한 포도원이었다네.

그러나 최상품 포도 수확을 기대했건만,

그 모든 수고 끝에 열린 것은 돌포도였다네.

3-4 "너희 예루살렘과 유다에 사는 자들아,
이제 내가 하는 말을 잘 들어라.
나와 내 포도원 사이의 일을
한번 판단해 보아라.
내가 내 포도원을 위해 할 수 있었으면서도 하지 않은 일이
어디 하나라도 있었느냐?
좋은 포도를 기대했는데
쓴 포도만을 수확한 것은 어째서란 말이냐?

5-6 좋다. 이제 내가 내 포도원을 어떻게 할지
너희에게 말해 주겠다.
나는 그 울타리를 허물고
그곳을 폐허로 만들 것이다.
그 문을 부서뜨려
마구 짓밟히게 할 것이다.
그곳을 잡초 밭, 버려진 땅,
엉겅퀴와 가시만 무성한 곳이 되게 할 것이다.
내가 구름을 향해
'다시는 저 포도원에 비를 내리지 말라!'고 명령을 내릴 것이다."

7 너희는 알아들었느냐? 만군의 **하나님**의 포도원은
바로 이스라엘 나라다.
그분이 그토록 자랑스러워했던 그 정원은

바로 유다의 모든 자들이다.
그분은 정의를 수확하기를 바라셨지만,
보이는 것이라곤 서로 죽이는 모습뿐이었다.
의를 거두기를 바라셨지만,
들리는 것이라곤 희생자들의 애통소리뿐이었다.

이스라엘에 대한 재앙

8-10 집들을 있는 대로 사들이고
땅을 독차지하는 너희에게 화가 있으리라.
너희는 이전 주인들을 다 쫓아내고서,
출입금지 푯말을 붙여 놓고
나라 전체를 장악했다.
모두를 집 없고 땅 없는 이들로 만들어 버린다.
나는 만군의 **하나님**께서 말씀하시는 소리를 들었다.
"으리으리한 집들, 다 텅텅 비게 될 것이다.
호화롭던 사유지들, 다 폐허가 될 것이다.
만 평이나 되는 포도원에서 고작 포도주 1 리터가 나고,
열 말이나 되는 씨에서 겨우 곡식 한 말밖에 나지 않을 것이다."

11-17 아침 일찍 일어나서
아침밥도 먹기 전에 술잔을 들고,
밤이 새도록
코가 삐뚤어져라 마셔 대는 자들에게 화가 있으리라.

그들은 술자리에
하프와 플루트와 충분한 포도주에는 마음 쓰면서도
하나님의 일,
그분이 하시는 일에는 아무 관심이 없다.
내 백성이 포로가 된 것은 바로 이 때문이다.
그들의 무지 때문이다.
거물들이 굶어 죽고
서민들은 목말라 죽을 것이다.
식욕이 커질 대로 커진 스올이,
닥치는 대로 사람들을 집어삼킬 것이다!
거물들, 서민들 할 것 없이 모두가
그 식도를 따라 굴러떨어질 것이다. 주정뱅이는 더 말할 것
도 없다.
밑바닥 인생들이나
지체 높은 자들이나 매한가지다.
기세등등하던 자들이
구멍 난 방광처럼 쪼그라들 것이다.
그러나 만군의 **하나님**께서 정의를 행하심으로,
산이 되실 것이다.
거룩하신 하나님께서 의를 행하심으로,
'거룩'이 무엇인지 보여주실 것이다.
그러고 나면 어린양들이
마치 제 땅인 양 그곳에서 풀을 뜯고,

아이들과 송아지들이
제 집인 듯 그 폐허에서 편하게 살 것이다.

18-19 거짓말로 악을 팔고
죄를 한 트럭씩 시장에 내다 파는 너희,
"하나님은 대체 뭐하고 계시나?
우리가 볼 수 있게 좀 움직여 보시라고 해봐.
'이스라엘의 거룩하신 분'이라는 그가 대체
뭘 하시려는지 알고 싶다"고 말하는 너희에게 화가 있으리라.

20 악을 선이라
선을 악이라 부르고,
빛을 어둠으로
어둠을 빛으로 대체하며,
단 것을 쓴 것으로
쓴 것을 단 것으로 바꾸는 너희에게 화가 있으리라!

21-23 스스로를 똑똑하고
대단하다고 여기는 너희에게 화가 있으리라!
너희가 잘하는 것이라곤 술 마시는 일이 전부다.
술 마시기 대회 챔피언 트로피나 모으는 너희,
범죄자에게서 뇌물을 받아먹고서는
죄 없는 이들의 권리를 짓밟는다.

[24] 그러나 그들, 무사하지 못하리라. 불에 나무가 그루터기
까지 타 버리고
마른 풀이 연기가 되어 사라지듯,
그들의 영혼이 쭈그러지고
그들이 이룬 것들도 다 허물어져 먼지가 될 것이다.
그들이 만군의 **하나님**의 계시를 거부했고,
'이스라엘의 거룩하신 분'에게
아무 관심도 없었기 때문이다.

[25-30] 그러므로 **하나님**께서 당신의 백성을 향해 불같이 노하
시고,
손을 들어 그들을 때려눕히셨다.
그들의 시체가 거리에 쌓일 때,
산들이 몸을 떨었다.
그러나 그분의 진노는 아직 풀리지 않았고,
또다시 치시려고 주먹을 높이 들고 계신다.
그분께서 깃발을 들어 먼 나라에 신호를 보내신다.
휘파람을 불어 땅 끝의 민족들을 불러들이신다.
그러자 저기, 그들이 온다.
달려온다!
굼뜬 자, 비틀거리는 자,
조는 자, 꾸물거리는 자 하나 없다.
군복에 허리띠를 동이고

광이 나는 군화는 끈이 질끈 매여 있다.
그들의 화살은 날카롭고,
활의 줄이 팽팽하게 당겨 있다.
말발굽에 편자가 박혀 있고,
전차바퀴는 기름칠 되어 있다.
새끼 사자 떼같이 으르렁거리며,
귀청이 떨어져라 포효하는 젊은 사자 떼처럼 달려와,
먹이를 잡아채서는 끌고 간다.
누구도 구해 주지 못한다!
그날에, 그들은 포효하고, 포효하고, 또 포효할 것이다.
대양의 파도소리같이 포효할 것이다.
그 땅을 샅샅이 살펴보아라.
어둠과 고통 말고는 아무것도 보이지 않으리라.
하늘의 모든 빛을
구름이 덮어 꺼뜨릴 것이다.

거룩하시다, 거룩하시다, 거룩하시다!

6 ¹⁻⁸ 웃시야 왕이 죽은 해에, 나는 주께서 지극히 높은 보좌 위에 앉아 계시고 그분의 긴 옷자락이 성전을 가득 채우고 있는 모습을 보았다. 그분 위로 천사 스랍들이 머물러 있는데, 저마다 여섯 개의 날개를 달고 있었다. 둘로는 자기 얼굴을, 둘로는 자기 발을 가리고, 두 날개로 날면서, 서로를 향해 이렇게 외치며 화답하고 있었다.

　　거룩하시다, 거룩하시다, 거룩하시다, 만군의 **하나님**.
　　그분의 빛나는 영광, 온 땅에 가득하도다.

천사들의 소리에 바닥 전체가 흔들리더니, 성전 안에 연기
가 가득해졌다. 내가 말했다.

"재앙이다! 재앙의 날이다!
이제 나는 죽은 목숨이다!
나는 이제껏 하나같이 더러운 말을 일삼았다.
하나님을 모독하기까지 했다!
나와 함께 살아가는 자들도 마찬가지다.
다 썩어 빠진 말들, 불경스런 말들을 쏟아 놓았다.
그런데 내가 여기서 하나님을 대면하다니!
왕이신 만군의 **하나님**을!"

그때 천사 스랍들 가운데 하나가 내게 날아왔다. 제단에서
타고 있는 숯 하나를 부집게로 집어 들더니, 그 숯을 내 입
에 대며 말했다.

"보아라. 이 숯이 네 입술에 닿았으니,
네 죄과가 사라지고
네 죄가 씻겨졌다."
그때 내게 주의 음성이 들렸다.

"내가 누구를 보낼까?
누가 우리를 위해 갈까?"
내가 소리쳐 말했다.
"제가 가겠습니다.
저를 보내 주소서!"

❦

9-10 그분께서 말씀하셨다. "가서 이 백성에게 전하여라.

'귀를 쫑긋하고 들어도, 알아먹지 못하리라.
뚫어져라 쳐다보아도, 알아보지 못하리라.'
이 백성을, 손가락으로 귀를 틀어막고 눈가리개로 눈을 가린
바보천치로 만들어라.
아무것도 보지 못하고,
아무 말도 듣지 못하도록.
뭐가 뭔지 도무지 깨닫지 못하고,
그래서 돌이켜 고침받지 못하도록."

11-13 소스라치게 놀라 내가 말했다.
"그런데 주님, 언제까지 그렇게 하시렵니까?"
그분께서 말씀하셨다. "성읍들이 텅 비어
사람 하나 남지 않게 될 때까지,
집들이 텅 비어

구석구석 황무지가 될 때까지,
나 **하나님**이 사람들을 모조리 멀리 쫓아내어,
땅이 완전히 텅 빌 때까지다.
설령 십분의 일 정도가 살아남는다 해도,
그들에게 다시금 참화가 덮칠 것이다.
이 나라는 나무들이 다 잘려 나간
소나무 숲, 상수리나무 숲 같을 것이다.
그루터기들만 남은 거대한 그루터기 밭이 될 것이다.
그러나 그 그루터기 안에는 거룩한 씨가 담겨 있다."

한 처녀가 아들을 낳을 것이다

7 1-2 웃시야의 손자요 요담의 아들인 아하스가 유다의 왕으로 있던 때에, 아람 왕 르신과 르말리야의 아들인 이스라엘 왕 베가가 예루살렘을 공격했으나 성공하지 못했다. 아람과 에브라임(이스라엘)이 동맹을 맺었다는 사실이 다윗 왕실에 전해지자, 아하스와 백성은 크게 동요했다. 그들은 사시나무 떨듯 떨었다.

3-6 그러자 **하나님**께서 이사야에게 말씀하셨다. "가서 아하스를 만나라. 네 아들 스알야숩(남은 자가 돌아오리라)을 함께 데리고 가거라. 성의 남쪽 공중 빨래터로 가는 길인 윗저수지의 수로 끝에서 그를 만나 이렇게 전하여라. 내 말을 듣고 진정하여라. 두려워하지 마라. 다 탄 막대기에 불과한 그 둘, 아람의 르신과 르말리야의 아들을 두려워할 이유가 없

다. 큰소리치지만, 그들은 아무것도 아니다. 아람이 에브라임의 르말리야의 아들과 더불어 너를 해칠 계략을 꾸몄다. '가서 유다를 치자. 결딴내서 우리 것으로 삼고, 다브엘의 아들을 꼭두각시 왕으로 세우자'며 둘이 공모했다."

7-9 그러나 주 **하나님**께서 말씀하신다.

"결코 그렇게 되지 않을 것이다.
아람의 수도는 다마스쿠스고,
다마스쿠스의 왕, 르신은 그저 인간에 불과하기 때문이다.
에브라임도 육십오 년이 지나기 전에,
나라가 망해 돌무더기밖에 남지 않을 것이다.
에브라임의 수도는 사마리아고,
사마리아의 왕은 고작 르말리야의 아들에 불과하다.
너희가 믿음 안에 굳게 서지 않으면,
도무지 제대로 서지 못할 것이다."

10-11 **하나님**께서 아하스에게 다시 이렇게 말씀하셨다. "네 **하나님**에게 표징을 구하여라. 무엇이든 구하여라. 통 크게 구하여라. 하늘의 달이라도 구하여라!"
12 그러나 아하스가 말했다. "아닙니다. 나는 **하나님**께 그런 요구를 하지 않을 것입니다!"

13-17 이사야가 그에게 말했다. "다윗 왕실이여, 잘 들으십시오! 그대들은 소심과 위선에 불과한 경건으로 사람들을 지치게 만들고, 그것으로도 모자라서 이제는 하나님까지 지치게 만들고 있습니다. 그러니 주께서 친히 그대들에게 표징 하나를 주실 것입니다. 두고 보십시오. 처녀인 한 소녀가 잉태하게 될 것입니다. 그녀는 아들을 낳고 그의 이름을 임마누엘(하나님이 우리와 함께 계신다)이라 할 것입니다. 그 아이가 열두 살이 되어 도덕적 판단을 할 수 있을 때가 되면, 전쟁의 위협이 끝나 있을 것입니다. 그러니 마음을 놓으십시오. 그대들을 그토록 근심케 하는 저 두 왕은 그때쯤 사라져 없어지게 될 것입니다. 그러나 이 경고도 함께 들으십시오. **하나님**께서는 왕과 백성과 이 왕실에, 에브라임이 유다를 떠나 나라가 두 동강 났던 그때 이래로 가장 혹독한 심판을 내리실 것입니다. 앗시리아의 왕이 올 것입니다!"

18-19 그때가 되면, **하나님**께서 이집트 나일 강 원류의 파리 떼를 부르시고, 앗시리아 땅의 벌 떼를 불러오실 것이다. 그것들이 와서 이 나라 구석구석까지 쓸어버릴 것이다. 무엇으로도 그것들을 막을 수 없을 것이다.

20 또 그때가 되면, 주께서 유프라테스 강 저편에서 빌려 온 면도칼—앗시리아의 왕을 말한다!—을 가지고서 너희 머리와 음부의 털을 다 밀어 버리실 것이다. 너희는 발가벗겨져 수치와 치욕을 당하게 되리라. 그분께서 너희 수염을 다 밀어 버리실 것이다.

21-22 그때, 살아남은 자들은 소 한 마리, 양 두 마리만 있어도 자신을 행운아로 여길 것이다. 적어도 우유는 많을 테니 말이다! 그 땅에 남은 자들은 극히 간소한 음식—버터와 꿀—만으로 사는 법을 배워야 할 것이다.

23-25 그것이 다가 아니다. 좋은 포도원들이 지천이던—수천 개도 넘었던 수억 가치의 포도원들!—이 나라가 조그만 잡초 밭으로 바뀔 것이다. 어디를 보아도 잡초와 가시덤불밖에 없으리라! 아무짝에도 쓸모없는 잡초 밭이, 토끼 사냥 때나 소용 있을지 모르겠다. 소와 양들만이 먹을 것을 찾아 이리저리 헤매고 다니겠지만, 잡초뿐인 그 땅, 예전의 비옥하고 잘 가꿔진 과수원과 들판은 흔적조차 찾을 수 없을 것이다.

❧

8

1 **하나님께서** 내게 말씀하셨다. "커다란 종이 한 장을 가져다가 지워지지 않는 잉크로 이렇게 적어라. '이는 마헬–살랄–하스–바스(노략—빨리 온다—약탈—서둘러 온다)의 것이다.'"

2-3 나는 정직한 사람 둘, 곧 제사장 우리야와 여베레기야의 아들 스가랴를 그 문서의 증인으로 세웠다. 그런 다음에 여예언자인 내 아내가 있는 집으로 돌아갔다. 그녀가 아이를 가졌고, 아들을 낳았다.

3-4 **하나님께서** 내게 말씀하셨다. "아기의 이름을 '마헬–살랄–하스–바스'라고 지어라. 그 아기가 아빠와 엄마를 부를

줄 알기 전에, 앗시리아 왕이 다마스쿠스의 재물과 사마리
아의 재산을 모두 약탈해 갈 것이다.”

✽

5-8 하나님께서 내게 다시 말씀하셨다.

“이 백성이
고요한 실로아 물에 등을 돌리고
르신과 르말리야의 아들을 바라보며
흥분해 있으니,
내가 나서서
유프라테스의 거친 홍수를 톡톡히 맛보게 해주겠다.
앗시리아 왕과 그의 위력이
홍수처럼 강둑을 터뜨리고
유다로 넘쳐흘러와,
눈앞에서 모든 것을 다 쓸어버릴 것이다.
물이 너희 목까지 차오르리라.
오 임마누엘이여, 미친 듯이 날뛰는 그 강물,
거대한 날개처럼 너희 온 땅을 뒤덮을 것이다.”

✽

9-10 그러나 너희 압제자들아, 사태를 직시하고 너희 가슴을
쥐어뜯어라.

먼 나라든 가까운 나라든, 모두 잘 들어라.

최악을 각오하고 너희 가슴을 쥐어뜯어라.

그렇다. 진정 최악을 각오하고 너희 가슴을 쥐어뜯어라!

너희 생각대로 이런저런 일을 도모해 보아라. 다 헛일일 뿐

이다.

이런저런 말을 떠들어 보아라. 다 헛말일 뿐이다.

모든 말, 모든 일 뒤에 남는 것은

결국 임마누엘—하나님이 우리와 함께 계신다—일 테니.

하나님을 두려워하라

11-15 **하나님**께서 내게 강하게 말씀하셨다. 두 손으로 나를
움켜잡으시고는, 이 백성을 따라가지 말라고 경고하셨다.
그분께서 말씀하셨다.

"이 백성을 따라 하지 마라.

그들은 늘 누군가 자신을 해칠 음모를 꾸미고 있다고 생각

하며,

두려워 떤다.

그들이 두려워하는 것을 두려워하지 마라.

그들이 염려하는 것을 염려하지 마라.

염려하려거든, 거룩하신 분을 염려하여라.

만군의 **하나님**을 두려워하여라.

거룩하신 분은 너희의 은신처가 되기도 하시지만,

너희 길을 막는 암석,

고집 센 이스라엘 두 집안의 가는 길을 막아서는 바위,

예루살렘 시민의 출입을 막는

철조망이 될 수도 있다.

많은 자들이 뛰어가다 그 바위와 부딪쳐

뼈가 아스러지고,

그 철조망에 걸려

헤어 나오지 못할 것이다."

❧

16-18 이 증언을 잘 받아들이고

이 가르침을 잘 간직하여, 내 제자들에게 전하여라.

나는 **하나님**을 기다릴 것이다.

자신을 숨기고 계신 그분을 기다리며, 그분께 소망을 둘 것
이다.

나는 이 소망을 지키며 여기 있을 것이다.

하나님께서 내게 주신 자녀들과 더불어.

그들은 이스라엘을 향한 표징이다.

시온 산에 거하시는 만군의 **하나님**께서 주시는 경고의 표징,

소망의 표징이다.

19-22 사람들이 너희에게 "점쟁이들을 한번 찾아가 보지 그래.

영매들에게 물어보지 그래.

영계에 들어가서
죽은 자들과 접촉해 보는 것이 어때? "라고 말하면,
이렇게 대답하여라. "아니, 우리는 성경을 연구할 것이다."
다른 길을 시도해 보는 자는 결국 아무 데도 이르지 못할 것
이다.
막다른 골목이 기다릴 뿐이다!
좌절하고 절박한 그들
이것저것 시도해 보지만,
아무 효과가 없으면 화가 치밀어 올라,
처음에는 이 신, 다음에는 저 신에게 욕을 퍼붓는다.
이 길, 저 길 기웃거리고
위를 보았다, 아래를 보았다, 옆을 보았다 하지만,
결국 아무것도 보지 못한다.
막다른 골목, 텅 빈 굴,
공허한 흑암에 처할 뿐이다.

우리를 위해 한 아이가 태어났다

9 ¹ 그러나 고난 가운데 있던 자들은 이제 어둠에서 벗
어날 것이다. 전에 주께서 스불론 땅과 납달리 땅을
불명예 가운데 두셨지만, 이제 그 지역 전체를, 곧 바다 따
라 난 길과 요단 강 건너 국제적인 성읍 갈릴리를 영광스럽
게 만드실 때가 오고 있다.

2-7 어둠 속을 헤매던 백성이
큰 빛을 보았다.
짙은 그늘이 드리운 땅에 살던 자들 위로
빛! 구름 사이를 뚫고 햇살이 비추었다!
주께서 그 나라를 다시 사람들로 북적이게 하시고
그들의 기쁨을 넓혀 주셨습니다.
오, 주 앞에서 그들이 얼마나 즐거워하는지요!
축제의 기쁨!
풍성한 선물과 따뜻한 인사를 나누는
큰 축일의 기쁨.
압제자들의 학대와 독재자들의 잔인함,
채찍질, 몽둥이질, 욕설들이
다 사라졌다. 이제 끝났다. 이 구원은,
전에 기드온이 미디안 족속을 꺾었던 승리만큼 놀라운 구원
이로다.
침략 군대의 군화들,
무고한 피로 얼룩진 겉옷들이
한 무더기로 쌓여 불살라질 것이다.
며칠 동안 타오를 것이다!
이는, 우리를 위해 한 아이가 태어났기 때문이다!
그 아들을 우리에게 선물로 주셨기 때문이다!
이제 그가
세계를 통치할 것이다.

그의 이름은 '놀라우신 조언자'

'전능하신 하나님'

'영원하신 아버지'

'온전케 하시는 왕'이라 불리리라!

그분의 통치권, 점점 커지고

그분의 온전하심, 끝이 없으리라.

그분은 역사적인 다윗 보좌에 앉으셔서

약속된 왕국을 다스리시고,

그 왕국 굳게 세우셔서

세세토록 다스리실 것이다.

공정함과 올바름으로

이제부터 영원까지, 다스리시리라.

만군의 **하나님**의 열심이

이 모든 일을 이루실 것이다.

하나님께서 이스라엘을 벌하신다

8-10 주께서 야곱을 벌하시겠다는 메시지를 보내셨다.

그 메시지는 이스라엘 집 문 앞에 도달했고,

모든 백성, 에브라임과 사마리아의 시민들 모두가

그것을 들었다.

그러나 교만하고 오만한 떼거리인 그들,

그 메시지를 묵살하며 말했다.

"뭐, 상황이 그렇게 나쁜 것은 아니다.

우리는 뭐든지 대처할 수 있으니.
건물이 무너지면
더 크고 좋게 다시 지으면 되고,
나무들이 쓰러지면
다시 더 좋은 나무를 심으면 된다."

11-12 그래서 **하나님**께서 적들을 자극해 그들을 치게 하셨다.
원수들을 부추겨 그들을 공격하게 하셨다.
동쪽으로는 아람 사람들을, 서쪽으로는 블레셋 사람들을 일
으키셨다.
그들이 이스라엘을 요절냈다.
그럼에도 아직 그분의 노는 풀리지 않으셨고,
다시 그들을 치시려고 높이 주먹을 쳐들고 계신다.

13-17 그런데도 이 백성은 자기들을 치는 분에게 무관심하다.
만군의 **하나님**을 찾지 않는다.
그래서 **하나님**께서는 이스라엘의 머리와 꼬리를,
그 종려가지와 갈대를 잘라내 버리셨다. 같은 날 한꺼번에.
그 머리는 우두머리 장로들이고,
그 꼬리는 거짓말하는 예언자들이다.
백성을 이끌어야 할 그들이
백성을 도리어 막다른 골목으로 끌고 들어갔으니,
지도자를 따랐던 이들이

길을 잃고 갈팡질팡한다.
주께서 젊은이들에게 흥미를 잃으시고,
그들의 고아와 과부들을 불쌍히 여기지 않으시는 것은 그래
서다.
그들 모두 사악하고 악독하며,
더럽고 아둔한 말들을 떠벌린다.
그럼에도 아직 그분의 노는 풀리지 않으셨고,
다시 그들을 치시려고 높이 주먹을 쳐들고 계신다.

18-21 그들의 악독한 삶, 걷잡을 수 없는 불과 같다.
나무와 수풀, 잡초와 목초,
뭐든지 닥치는 대로 태워 버려,
온 하늘을 연기 자욱하게 만드는 불과 같다.
그 불에 만군의 **하나님**께서 불로 응답하셨다.
나라 전체에 불을 놓으셔서,
사람들 모두 불이 되게,
욕망 가운데 서로가 서로를 삼키는 불이 되게 하셨다.
만족을 모르는 그 욕망,
그들은 주위에 사람과 물건을 쌓아 놓고 게걸스럽게 집어삼
킨다.
그래도 여전히 허기에 시달린다. 심지어 그들의 아이들도
그들의 탐욕스런 허기에서 안전하지 못하다.
므낫세가 에브라임을 먹어 치우고, 에브라임이 므낫세를 먹

어 치웠으며,

그 둘이 유다를 해치려고 패를 지었다.

그럼에도 아직 그분의 노는 풀리지 않으셨고,

다시 그들을 치시려고 높이 주먹을 쳐들고 계신다.

악을 합법화하는 너희

10

¹⁻⁴ 악을 합법화하고,

희생자를 양산하는 법을 제정하는 너희에게 화
가 있으리라.

가난한 이들을 비참하게 만들고

내 빈궁한 백성에게서 존엄을 앗아 가며,

힘없는 과부들을 이용하고

집 없는 아이들을 착취하는 법을 만들다니.

심판 날, 너희가 무슨 할 말이 있을까?

청천벽력처럼 임할 그 운명의 날에,

누가 너희를 도울 수 있겠느냐?

돈이 있다 한들 무슨 소용이 있겠느냐?

그때 너희는, 짐짝 취급받는 죄수나,

거리의 시체들 사이에 끼인 비참한 신세가 될 텐데.

그럼에도 아직, 이 모든 일로 그분의 노가 풀리지 않으셨고,

다시 그들을 치시려고 높이 주먹을 쳐들고 계신다.

앗시리아에게 화가 있으리라!

5-11 "앗시리아에게 화가 있으리라. 그는 내 진노의 무기요,
그의 손에 들린 곤봉은 바로 나의 진노다!
내가 그를 보내어 사악한 민족을 치며,
나를 노하게 만든 백성을 친다.
나는 그들을 모조리 노략질하고 약탈하여,
그 얼굴을 진창에 처박아 버리라고 명령한다.
그런데 앗시리아는 딴 속셈을 품는다.
속으로 딴생각을 한다.
그는 닥치는 대로 나라들을
짓밟아 멸망시키는 일에 광분해 있다.
앗시리아가 말한다. '내 지휘관은 다 왕들이 아니냐?
뭐든 제 맘대로 할 수 있는 자들이다.
나는 갈그미스뿐 아니라 갈로도 꺾지 않았느냐?
아르밧과 하맛도 멸망시켰고, 다마스쿠스처럼 사마리아도
뭉개 버렸다.
나는 예루살렘과 사마리아의 신들보다 훨씬 대단해 보이는
신들로 가득했던 나라들도 다 쓸어버렸다.
그러니, 예루살렘을 멸망시키려는 나를 막을 자 누구랴?
사마리아와 그 신-우상들을 모조리 쓰러뜨린 나인데.'"

12-13 주께서 시온 산과 예루살렘에 관한 일을 다 마치시면,
이렇게 말씀하실 것이다. "이제 앗시리아 차례다. 나는 앗

시리아 왕의 오만과 허풍을 벌할 것이다. 그는 거들먹거리
며 목에 힘을 잔뜩 주고 이렇게 말한다.

¹³⁻¹⁴ '나는 이 모든 일을 혼자 힘으로 이루었다.

나보다 뛰어난 자 누구냐.

나는 나라들의 경계를 허물었다.

밀고 들어가서, 원하는 것은 뭐든지 취했다.

황소처럼 돌진해 들어가,

왕들을 보좌에서 다 끌어내렸다.

그들이 쌓아 놓은 보물들을 다 내 손아귀에 넣었다.

아이가 새 둥우리에서 새알을 꺼내듯 손쉽게 차지했다.

농부가 닭장에서 달걀을 꺼내 모으듯

온 세상을 내 바구니 안에 거두어들였다.

그런데도 날개를 푸덕이거나 꽥꽥 울어 대기는커녕

찍소리조차 내는 놈 하나 없었다.'"

¹⁵⁻¹⁹ 도끼가 도끼질하는 자를 대신할 수 있느냐?

톱이 톱질하는 자 대신 주인공으로 나설 수 있느냐?

마치 삽이 스스로 인부를 부려서 도랑을 팠다는 식이구나!

마치 망치가 스스로 목수를 부려서 못을 박았다는 식이구나!

그래서다. 주 만군의 **하나님**께서 질병을 보내어

그 건강한 앗시리아 전사들을 쇠약하게 만드실 것이다.

하나님의 빛나는 영광 아래

한 맹렬한 불이 터져 나올 것이다.
'이스라엘의 빛이신 분'이 큰불이 되시고,
'거룩하신 분'이 불폭풍이 되실 것이다.
그리하여 하루 만에, 앗시리아 가시덤불을
하나도 남김없이 새까맣게 태워 버리실 것이다.
하나님께서 장대한 나무들과 우거진 과수원을 파괴하실 것
이다.
앗시리아는 병든 환자처럼
몸도 영혼도 허약해져 쓰러질 것이다.
남은 나무들의 숫자를
아이가 두 손의 손가락으로도 셀 수 있을 것이다.

❧

20-23 또한 그날에는, 이스라엘의 남은 자들, 야곱의 소수 생
존자들이 더 이상 난폭한 압제자 앗시리아에게 매혹당하지
않을 것이다. 그들은 **하나님**, '거룩하신 분'을 의지할 것이
다. 진정으로 의지할 것이다. 소수의 남은 자들—야곱의 남
은 자들—이 전능하신 하나님께 돌아올 것이다. 너 이스라
엘이 한때는 바다의 모래처럼 그 수가 많았지만, 그날에는
오직 소수만이 흩어졌던 곳에서 돌아올 것이다. 파괴 명령
이 내려졌다. 이것은 의로 충만한 명령이다. 주 만군의 **하나
님**께서, 온 세상에 걸쳐 시작하신 일을 여기서 끝마치실 것
이기 때문이다.

24-27 그러므로 주 만군의 **하나님**께서 말씀하신다. "시온에
사는 내 사랑하고 사랑하는 백성들아, 앗시리아 사람들이
너를 곤봉으로 때릴 때, 전에 이집트 사람들이 그랬던 것처
럼 너를 몽둥이로 위협할 때, 무서워하지 마라. 잠시 잠깐
뒤면 너에 대한 나의 진노가 풀리겠고, 내가 나의 진노를 그
들에게 돌려 그들을 파멸시킬 것이다. 나 만군의 **하나님**이
아홉 가닥 채찍을 들고 그들을 쫓을 것이다. 기드온이 오렙
바위에서 미디안 사람들을 쓰러뜨렸듯이, 모세가 이집트를
발칵 뒤집어 놓았듯이, 그들을 아주 끝장내 버릴 것이다. 그
날, 너의 등을 타고 있던 앗시리아 사람들이 끌어내려지고,
너의 목에서 종의 멍에가 벗겨질 것이다."

27-32 앗시리아가 오고 있다. 림몬으로부터 올라와
아얏에 이르고,
미그론을 통과해
믹마스에서 야영을 한다.
험한 길을 지나온 그들,
밤에 게바에 진을 쳤다.
라마가 겁에 질려 떤다.
사울의 고향 기브아가 줄행랑을 놓는다.
갈림의 딸아, 도와 달라고 소리쳐라!
라이사야, 그 외침을 들어라!

아나돗아, 뭐든 해보아라!
맛메나가 산속으로 내빼고,
게빔 주민들은 공포에 질려 도망간다.
적군이 놉에 이르렀다. 거의 코앞이다!
성읍이 보이자, 그들이 사랑하는 딸 시온 산,
예루살렘 언덕 위에서, 주먹을 휘두른다.

³³⁻³⁴ 그러나 두고 보아라. 주 만군의 하나님께서
당신의 도끼를 휘둘러 그 가지들을 쳐내시며,
커다란 나무들을 베어 쓰러뜨리시고,
행진해 오는 그 높다란 나무들을 모조리 쓰러뜨리신다.
그분의 도끼가 그 나무들을 이쑤시개로 만들어 버릴 것이며,
레바논 같은 군대는 불쏘시개로 전락할 것이다.

이새의 그루터기에서 새싹이 나며

11

¹⁻⁵ 이새의 그루터기에서 한 푸른 새싹이 나며,
그 뿌리에서 한 가지가 움터 나오리라.
생명을 주는 **하나님**의 영,
곧 지혜와 깨달음을 주는 영,
방향을 잡아 주고 힘을 부어 주는 영,
지식과 **하나님**을 경외하는 마음을 불어넣어 주는 영이, 그
위에 머물리라.
하나님을 경외하는 것이

그의 기쁨과 즐거움이 될 것이다.

그는 겉모습으로 판단하지 않으며,

풍문에 따라 판결을 내리지 않을 것이다.

궁핍한 이들을 위해 의롭게 재판하고,

땅 위의 가난한 이들을 위해 정의롭게 판결할 것이다.

모두 옷깃을 여미고 그의 말을 주목하여 듣게 되리라.

그의 입에서 나오는 숨만으로도 악한 자들이 거꾸러질 것이다.

매일 아침 그는 튼튼한 작업복과 신발을 갖추고 나와,

이 땅에 의와 신실함을 세우는 일을 할 것이다.

⁶⁻⁹ 이리와 어린양이 함께 뛰놀며,

표범과 새끼 염소가 같이 잘 것이다.

송아지와 사자가 같은 여물통에서 먹고,

어린아이가 그들을 기를 것이다.

암소와 곰이 목초지에서 함께 풀을 뜯고

새끼들도 서로 어울려 지내며,

사자가 소처럼 짚을 먹을 것이다.

젖 먹는 아이가 방울뱀 소굴 위를 기어 다니고,

걸음마하는 아이가 독사 굴에 손을 넣으며 놀리라.

나의 거룩한 산에서는

어떤 짐승이나 사람도 남을 해치거나 죽이는 일이 없을 것이다.

온 땅에 하나님을 아는 산 지식,

대양처럼 깊고, 대양처럼 넓은
산 지식으로 차고 넘치리라.

❀

[10] 그날이 오면, 이새의 뿌리가 높이 세워져, 만백성을 집결시키는 깃발로 설 것이다. 모든 민족이 그에게 나아오고, 그의 본부가 영광스럽게 되리라.

[11] 또한 그날이 오면, 주께서 다시 한번 손을 뻗으셔서, 흩어졌던 자기 백성 중에 남은 자들을 데려오실 것이다. 앗시리아, 이집트, 바드로스, 에티오피아, 엘람, 시날, 하맛, 바다 섬들에서 그들을 다시 데려오실 것이다.

[12-16] 그분은 모든 민족이 볼 수 있게 깃발을 높이 드시고
흩뿌려진 이스라엘 유랑민들을 불러 모으시며,
뿔뿔이 흩어진 유다 난민 모두를
땅의 사방과 칠대양에서 이끌어 오실 것이다.
에브라임의 질투가 풀리고,
유다의 적개심이 사라지리라.
에브라임은 더 이상 유다를 질투해 맞서지 않으며,
유다는 더 이상 에브라임을 증오해 맞서지 않을 것이다!
그들은 피를 나눈 형제로 하나 되어, 서쪽으로 블레셋 사람들을 덮치고,
동맹군을 이뤄 동쪽의 민족들을 약탈하며,

에돔과 모압을 공격할 것이다.

암몬 사람들도 그들과 같은 처지가 될 것이다.

하나님께서 다시 한번 이집트의 홍해를 말리셔서,

쉽게 건널 수 있는 길을 내실 것이다.

거대한 강 유프라테스에

거센 바람을 내려보내셔서,

그 강을 일곱 개의 실개울로 만들어 버리실 것이다.

발을 적시지 않고 건널 수 있는 실개울로!

마침내, 대로가 열릴 것이다.

하나님의 백성 중에 남은 자들이 앗시리아에서 쉽게 나올 수 있는 대로,

과거 이스라엘이 이집트에서 행군해 나올 때와 같은

그런 대로가 열릴 것이다.

나의 힘, 나의 노래

12

¹ 그날에 너는 이렇게 말할 것이다.

"**하나님**, 주께 감사드립니다.

주께서 노하셨으나

주의 진노는 영원하지 않았습니다.

주께서 노를 거두시고

제게 오셔서, 위로해 주셨습니다.

² 그렇습니다. 참으로 하나님은 나의 구원이십니다.

내가 주를 믿고 두려워하지 않겠습니다.
하나님께서—진정 **하나님께서!**—나의 힘이시요 나의 노래
이시며,
무엇보다, 나의 구원이십니다!"

3-4 너희는 구원의 우물에서
기쁨 가득 물을 길어 올릴 것이다.
그러면서 말하리라.
"하나님께 감사드려라.
그분의 이름 소리 높여 외쳐라.
무엇이든 그분께 구하여라!
민족들에게 외쳐라. 그분이 하신 일을 들려주어라.
그분의 높은 명성, 그 소식을 전하여라!

5-6 **하나님께 찬양을 드려라.** 그분이 이 모든 일을 이루셨다!
온 땅에 그분이 하신 일을 알려라!
오 시온아, 지붕이 떠나갈 듯 외쳐라! 심장이 터지도록 크게
불러라!
한없이 위대하신 이가 너희 가운데 계시니,
그분은 '이스라엘의 거룩하신 분'이시다."

바빌론은 끝났다!

13

¹ 아모스의 아들 이사야가 본, 바빌론에 대한 **메시지**다.

²⁻³ "탁 트인 언덕 위에 깃발을 높이 올려라.
크게 소리쳐라. 그들로 주목하게 하고,
구령을 붙여 대형을 갖추게 하여라.
그들을 지휘해 권력의 핵심부로 쳐들어가라.
내가 특수부대를 맡고
돌격대를 소집했다.
내 진노의 심판을 수행하는 그들,
긍지와 열의가 끓어오른다."

⁴⁻⁵ 산들 위에서 우르르 천둥소리가 울려 퍼진다.
큰 무리의 폭도들이 내는 소리 같다.
그 소리는 전쟁하러 모인 왕국과
나라들이 일으킨 소란이다.
만군의 **하나님**께서 당신의 군대를 소집하시고
전투대형을 갖추게 하신다.
먼 곳에서 오는 그들,
밀물처럼 밀어닥쳐 땅을 뒤덮는다.
하나님이 오고 계신다. 당신의 진노의 병기 들고서,
이 나라를 결딴내러 오신다.

6-8 통곡하여라! **하나님**의 심판 날이 가까이 왔다.
전능하신 하나님이 오실 날이, 눈사태처럼 밀어닥친다!
모두 공포에 질려 심신이 얼어붙고
신경이 쇠약해져 히스테리를 부리며,
해산하는 여인처럼
고통으로 몸부림친다.
무서워 떠는 그들, 누구를 보든지,
악몽을 보는 듯하리라.

9-16 "잘 보아라. **하나님**의 심판의 날이 온다.
이는 무자비한 날, 진노와 격분의 날,
땅을 황폐하게 만들고
모든 죄인을 쓸어버리는 날.
하늘의 별들, 그 거대한 별들의 행렬이
블랙홀에 지나지 않게 될 것이다.
해는 그저 검은 원반이 되고,
달도 있으나 마나 한 것이 되리라.
내가 이 땅의 악을 완전히 멈춰 세우고,
악한 자들의 사악한 행위를 뿌리째 뽑아 버릴 것이다.
허풍 치며 뻐기던 자들의 입에 재갈을 물리면, 그들, 찍소리
도 못 내리라.
거드름 피우며 활보하던 폭군들, 다 자빠트려 땅바닥에 얼

굴을 처박게 만들 것이다.
교만한 인류, 지상에서 종적을 감출 것이다.
내가, 인간을 가물에 콩 나듯 하게 만들리라.
그렇다. 만군의 하나님의 진노 아래
그 맹렬한 진노의 심판 날에,
하늘도 흔들리고
땅도 뿌리까지 떨릴 것이다.
사냥꾼에 쫓기는 사슴처럼,
목자 없이 길 잃은 양처럼,
사람들이 소수의 동류들과 떼를 지어
임시변통할 피난처로 도망쳐 갈 것이다.
그렇게 뛰다가 넘어지는 자들, 가련하다. 그들은 그 자리에
서 죽임을 당할 것이다.
목이 잘리고, 배가 찢겨 터지리라.
부모가 보는 앞에서
아기들이 바위에 메어쳐지고,
집들이 약탈당하며,
아내들이 겁탈당할 것이다.

17-22 이제 잘 보아라.
내가 메대를 자극해 바빌론을 치게 할 것이다.
뇌물로도 막을 수 없는 무자비,
무엇으로도 누그러뜨릴 수 없는 잔인함의 대명사인 메대

사람들.
그들은 젊은이들을 죄다 몰살시키고,
갓난아기들도 발로 걷어차며 놀다가 죽이는 자들이다.
가장 찬란했던 왕국,
갈대아 사람들의 자랑이요 기쁨이던 바빌론.
하나님이 끝장내신 소돔과 고모라처럼,
결국 연기와 악취만 남기고 사라질 것이다.
누구도 거기 살지 않게 되리라.
세대가 지나고 또 지나도, 유령마을로 남을 것이다.
유목민, 베두인 사람들도 거기에는 천막을 치지 않을 것이다.
목자들도 피해서 멀리 돌아갈 것이다.
이름 모를 들짐승이나 찾아와서,
밤마다 빈집들을 섬뜩한 괴성으로 채울 것이다.
스컹크들이 집으로 삼고,
무시무시한 귀신들이 출몰할 것이다.
하이에나의 괴성이 피를 얼어붙게 하고,
늑대의 울부짖음이 몸을 오싹하게 만들 것이다.

바빌론은 이제 망했다.
끝이 멀지 않았다."

14

¹⁻² 그러나 야곱은 다르다. **하나님**께서 야곱에게 자비를 베푸시리라. 그분이 다시 한번 이스라엘을 택하실 것이다. 그들을 고향 땅에 자리 잡고 살게 하실 것이다. 이방인들이 야곱에게 매혹되어 운명을 같이하기 원할 것이다. 그들이 타향살이하던 곳의 여러 민족들이 고향으로 돌아가는 이스라엘을 도우며, 이스라엘은 그들을 남종과 여종으로 삼을 것이다. **하나님**의 나라에서 그들을 종으로 취할 것이며, 과거 자신들을 사로잡았던 자들을 사로잡고, 자신들을 압제하던 자들 위에 군림하며 살 것이다.

³⁻⁴ **하나님**께서 너희를 압제와 고생과 혹독한 종살이에서 풀어 주시는 날, 너희는 이런 풍자노래로 바빌론 왕을 조롱하며 재미있어 할 것이다.

바빌론아, 이제 너는 아무것도 아니다

⁴⁻⁶ 믿어지느냐? 폭군이 사라졌다!
폭정이 끝났다!
만인을 짓밟던 악인의 통치를,
그 악당의 권력을
하나님께서 깨부수셨다.
그칠 줄 모르는 빗발 같은 잔혹함으로,
고문과 박해로 점철된
폭력과 광포로 통치하던 그를.

7-10 이제 끝났다. 온 땅에 안식이 깃든다.
노래가 터져 나온다! 지붕이 들썩이도록!
폰데로사 소나무들이 행복해하며,
거대한 레바논 백향목들이 안도의 한숨을 내쉬며 말한다.
"네가 망했으니,
이제 우리를 베어 쓰러뜨릴 자 없다."
지하의 망자들이
너를 맞이할 준비로 부산하다.
그들, 유령 같은 망자들,
모두 한때는 땅에서 이름 날렸던 자들이다.
나라의 왕이었다가 땅에 묻힌 그들,
모두 보좌에서 일어나,
잘 준비된 연설로
너를 죽음으로 초대한다.
"자, 이제 너도 우리처럼 아무것도 아닌 존재가 되었다!
죽은 우리와 더불어 여기서 집처럼 편히 지내거라!"

11 바빌론아, 너의 화려한 행렬과 멋진 음악이 너를 데려갈
곳은
결국 여기다.
땅 밑 독방,
구더기들을 침대 삼아 눕고
스멀스멀 기어다니는 벌레들을 이불로 덮는 곳이다.

¹² 오 바빌론아, 이 무슨 몰락이란 말이냐!
샛별이었던 너! 새벽의 아들이었던 너!
지하 진흙뻘에 얼굴이 처박히다니,
나라들을 쓰러뜨리던 일로 이름 높았던 네가!

¹³⁻¹⁴ 너, 속으로 중얼거렸지.
"나, 하늘로 올라가리라.
하나님의 별들 위로 내 보좌를 높이겠다.
신성한 자폰 산에서 열리는
천사들의 회합을 내가 주재하겠다.
나, 구름 꼭대기로 올라가리라.
우주의 왕 자리를 내가 차지하겠다!"

¹⁵⁻¹⁷ 그러나 성공했느냐?
아니다. 위로 올라가기는커녕, 너는 밑으로 밑으로 추락했다.
저 아래, 지하의 망자들에게로
그 깊은 구렁 속으로.
너를 보는 자들, 생각에 잠겨 중얼거린다.
"아니 정녕 이 자가
한때 세상과 나라들을 공포에 떨게 하고,
땅을 황폐케 하고,
성읍들을 멸망시키고,
죄수들을 산송장으로 만든, 바로 그 자란 말인가?"

18-20 왕들은 보통 품위 있게 장사된다.
덕을 기리는 송가와 더불어 무덤에 안장된다.
그러나 너는 매장되지 못하고,
길거리 개나 고양이처럼 시궁창에 버려져
썩어 문드러지는 시신들,
살해되고 유기된 가련한 시체들에 둘러싸였다.
네 시신은 더럽혀지고 사지가 절단되었다.
네 장례를 치러 줄 나라는 없다.
너는 네 땅을 폐허로 만들었고
대학살을 유산으로 남겼다.
네 악한 삶의 소산,
이름도 붙여지지 않으리라. 그저 잊혀질 뿐!

21 악인의 아들들을 죽일 장소를 마련하고
그 가문의 대를 끊어 버려라.
그들이 땅 한 평이라도 차지하거나
그들의 성읍들로 세상의 얼굴에 먹칠하는 것, 있을 수 없는
일이다!

22-23 만군의 **하나님**의 포고다. "내가 바빌론과 맞서겠다. 바
빌론이라는 이름과 그 생존자들, 자녀와 후손들을 앗아 갈
것이다." **하나님**의 포고다. "그곳을 쓸모없는 늪지대로 만
들고, 고슴도치들에게 주어 버리겠다. 아주 싹 쓸어버릴 것

이다." 만군의 **하나님**의 포고다.

하나님의 계획, 누가 막을 수 있겠느냐?
24-27 만군의 **하나님**께서 말씀하신다.

"내 계획 그대로,
이뤄질 것이다.
내 청사진 그대로,
일이 성사될 것이다.
내 땅을 침범한 앗시리아를 내가 바스러뜨리고
내 산에서 그를 바닥에 짓이길 것이다.
내가 사람을 잡아 종으로 삼던 그의 일을 중단시켜,
억압에 눌린 이들의 허리를 펴게 할 것이다."
이것이
온 땅을 향해 세우신 계획이다.
이 계획을 이룰 손,
온 나라들을 향해 뻗어 있다.
만군의 **하나님**께서 계획하셨다.
누가 막을 수 있겠느냐?
그분께서 손을 뻗으셨다.
누가 막을 수 있겠느냐?

28-31 아하스가 죽은 해에, 이 **메시지**가 임했다.

잠깐! 블레셋 사람들아, 너는
잔인한 압제자가 쓰러졌다고 좋아할 때가 아니다.
단말마 비명 속에 죽는 그 뱀에게서 더 독한 뱀이 튀어나오고,
거기에서 또 더 독한 뱀이 튀어나올 것이다.
가난한 이들은 염려할 것 없다.
궁핍한 이들은 재난을 면할 것이다.
그러나 너희 블레셋 사람들은 기근에 던져지고,
굶어 죽지 않은 자들은 하나님이 쳐서 죽이실 것이다.
교만한 성읍아, 통곡하고 울부짖어라!
블레셋아, 공포에 떨며 바닥에 납작 엎드려라!
북쪽 지평선에서, 연기가 피어오른다.
성읍들이 불탄다. 사납고 날랜 파괴자가 지나간 자국이다.

32 궁금해 하는 이방인들에게
뭐라고 답하겠느냐?
"하나님께서 시온을 굳건히 세우셨다.
궁핍과 곤경에 처한 이들이 그곳을 피난처로 삼는다"고 말
해 주어라.

모압 전역에 울려 퍼지는 울음소리

15 1-4 모압에 대한 메시지다.

모압 마을, 알이 폐허가 되었다.

야간공격으로 잿더미로 변했다.
모압 마을, 길이 폐허가 되었다.
야간공격으로 잿더미로 변했다.
디본 마을이 언덕 위 자기 예배실로 올라간다.
거기서 울기 위해 올라간다.
느보와 메드바를 보며
모압이 슬피 울며 통곡한다.
다들 머리를 밀고
수염을 깎는다.
그들, 상복을 입고 거리로 쏟아져 나와,
지붕 위로 올라가거나 마을 광장에 모인다.
모두 울음을 터뜨리며
비탄에 잠긴다.
헤스본과 엘르알레의 그칠 줄 모르는 큰 울음소리,
멀리 야하스까지 들린다.
모압이 흐느끼고, 슬픔을 이기지 못해 몸을 떤다.
모압의 영혼이 떤다.

5-9 오, 가련하기 짝이 없는 모압이여!
피난민의 행렬이 소알까지,
에글랏슬리시야까지 이어진다.
루힛 비탈길을 오르며 그들이 슬피 운다.
모든 것을 잃은 그들, 호로나임으로 가는 길에서 서럽게 운다.

니므림의 샘들이 다 말라 버렸다.

풀이 시들고 싹도 막혀, 아무것도 자라지 않는다.

그들, 가진 물건 전부를

등에 지고 떠난다.

버드나무 개울 건너

안전한 곳을 찾으려고 안간힘을 쓴다.

모압 전역에,

가슴 저미는 울음소리가 울려 퍼진다.

창자가 끊어지는 듯한 애곡소리, 에글라임에까지 들리고

가슴이 찢어지는 듯한 애곡소리, 브엘엘림에까지 들린다.

디본의 둑 위로 피가 흘러넘치는데,

하나님께서 디본을 위해 더 큰 재앙을 마련하셨다.

사자다. 도망치는 자들을 끝장내고

남은 자들 모두를 해치울 사자다.

모압이 한탄할 것이다

16

1-4 모압이 말한다. "어서 서둘러 예루살렘 지도자들에게 어린양을 조공으로 바쳐라.

셀라에서 광야를 거쳐 예루살렘으로 가지고 가라. 그들의 환심을 사라.

모압의 성읍과 백성들,

어쩔 줄 몰라 한다.

부화되어 나오자마자 둥지를 잃은 새들,
아르논 강 둑 위에서
건너지 못할 강을 바라보며
날개만 퍼덕거리는 새들 같구나.
'우리, 어떻게 해요?
제발, 우리를 좀 도와주세요!
우리를 보호해 주세요.
우리를 숨겨 주세요!
모압에서 나오는 피난민들에게
은신처를 마련해 주세요.
대학살을 피해 도망 오는 자들에게
안전한 처소가 되어 주세요.'"

4-5 유다가 대답한다. "이 일이 모두 끝나면,
폭군이 쓰러지고
학살이 중단되고
잔인한 일들이 흔적조차 남지 않을 때가 되면,
숭엄한 다윗 전통을 따르는 새 정권,
인애의 정권이 세워질 것이다.
네가 의지할 수 있는 한 통치자가
그 정권의 수장이 될 것이다.
그는 정의를 향한 열정으로 가득한 통치자,
세상을 바로잡으려는 열의로 충만한 통치자다."

✤

6-12 우리는 익히 들었다. 모두가 들었다!
모압의 교만에 대해.
온 세상이 다 아는 그 거만과 오만 방자와
허풍에 대해.
그러니, 이제 모압이 자신의 달라진 처지를 한탄하게 내버
려 두어라.
이웃들이 번갈아 부르는 거짓 애가를 듣게 하여라!
이 무슨 수치인가! 이 얼마나 끔찍한 일인가!
그 좋았던 과일빵과 길하레셋 사탕을 더 이상 맛볼 수 없다니!
울창하던 헤스본의 밭들이 황폐해지고,
기름지던 십마의 포도원들이 모두 황무지로 변했다!
한때는 야스엘과
사막 바로 코앞에까지 뻗어 가,
눈 닿는 곳 어디에서나
풍성한 수확을 안겨 주던
그 유명했던 포도덩굴을,
외적들이 다 밟아 뭉개고 찢어발겼다.
나도 통곡하련다. 야스엘과 함께 통곡하고,
십마 포도원을 위해 통곡하련다.
그렇다. 헤스본과 엘르알레여,
너의 눈물에 내 눈물을 섞으련다!

추수 때의 즐거운 환호가 영영 사라졌다.
노래와 축제 대신 쥐 죽은 듯 정적뿐이다.
과수원에 떠들썩한 웃음소리 들리지 않고,
포도원에 신나는 노동요가 더는 들리지 않는다.
들판에서 일하는 자들의 흥겨운 노랫소리 대신에
정적, 죽음 같은 정적, 숨 막히는 정적뿐이다.
모압을 보면 내 심금 울리고,
가련한 길하레셋을 생각하면 내 동정심이 솟는다.
모압은 터벅터벅 산당에 올라가 기도하지만,
시간과 정력을 낭비할 뿐이다.
그 성소에 들어가 구원해 달라고 기도해 봐야
소용없다. 아무 일도 일어나지 않는다.

13-14 이는 전에 **하나님**께서 모압에 대해 주셨던 **메시지**다.
하나님께서 이제 다시 주신 메시지는 이러하다. "삼 년 안
에, 징집된 병사의 복무기간보다 짧은 그 시간 안에, 대단했
던 모압이 자취도 없이 사라질 것이다. 허풍 가득한 호화로
운 풍선이 한순간에 터져 버리고, 사람들로 들끓던 그곳에
는 몇몇 부랑자들만 발을 질질 끌며 구걸을 다닐 것이다."

다마스쿠스: 먼지 더미, 돌무더기가 되리라

17

1-3 다마스쿠스에 대한 **메시지**다.

"잘 보아라. 다마스쿠스는 이제 도성이 아니라
먼지 더미, 돌무더기가 되리라!
성읍들은 텅텅 비고
양과 염소들이 들어와,
주인인 듯 떡하니 자리를 차지할 것이다.
실제로 그렇게 될 것이다!
에브라임에 요새가 있었던 흔적,
다마스쿠스에 정부가 있었던 자취, 눈을 씻고 찾아도 찾을
수 없다.
아람에 남은 것이 얼마나 되겠느냐고?
이스라엘과 마찬가지다. 별로 없을 것이다."
만군의 **하나님**의 포고다.

4-6 "야곱의 눈부신 찬란함이 빛을 잃고
살찐 몸이 뼈만 앙상해질 날이 오고 있다.
나라 전체가 텅 빌 것이다. 추수가 끝난 들판처럼,
무엇 하나 남은 것이 없을 것이다.
추수 후 르바임 골짜기에 남은
몇 개의 보리 줄기 같거나,
나무 꼭대기에 달려 사람의 손길을 피한
두세 개의 익은 올리브 열매 같거나,
과수원에서 과일 따는 자들의 손 닿지 않은
네다섯 개의 사과 같을 것이다."

이스라엘의 **하나님**의 포고다.

7-8 그렇다. 사람들이 '그들을 지으신 분'을 주목하게 될 날, '이스라엘의 거룩하신 분'을 주목하게 될 날이 오고 있다. 전에는 대단하다 여겼던 자기 작품들—제단, 기념물, 의식, 가내수공품 종교—에 대한 흥미를 모두 잃고 말 것이다.

9 그렇다. 그들이 요새 성읍들을 버리고 도망칠 날이 오고 있다. 이스라엘이 쳐들어왔을 때 히위 사람과 아모리 사람이 버리고 도망갔던 바로 그 성읍들을! 나라가 텅 빌 것이다. 전부 황폐해질 것이다.

10-11 이유를 알겠느냐? 네가 너의 구원이신 하나님을 잊었고, 너의 반석이요 피난처이신 분을 기억하지 않았기 때문이다. 그러니, 네가 아무리 종교에 열심을 낸다 하더라도, 네 풍요의 신들을 구슬려 뜻대로 하게 하려고 온갖 종류의 관목과 목초와 나무들을 심고 그것들을 잘 가꾸어 싹과 봉오리와 꽃을 활짝 피운다 하더라도, 네게는 아무 수확이 없을 것이다. 거둬들이는 것이라고는 그저 비통과 고통, 끝없는 고통뿐일 것이다.

12-13 오! 천둥이 울린다! 군중이 일으키는 천둥소리!

요란한 파도소리 같은 천둥소리!
나라들이 포효한다.
거대한 폭포처럼 포효한다.
고막을 터뜨릴 듯 포효한다!
그러나 하나님께서는 말씀 한 마디로 그들을 잠잠케 하시고,
혹 불어 날리실 것이다.
죽은 잎사귀처럼, 떨어진 엉겅퀴 잎처럼.

[14] 잠자리에 들 시각, 공포가 대기를 가득 채운다.
그러나 아침에 일어나 보니, 다 사라져 버렸다. 흔적도 찾을
수 없다!
바로 우리를 멸망시키려는 자들에게 일어날 일,
우리 목숨을 노리는 자들이 맞을 운명이다.

에티오피아: 강력하고 무자비한 자들

18

[1-2] 에티오피아 강 너머,
파리와 모기들의 땅에 화가 있으리라.
강 따라 바다 건너,
세계 방방곡곡에 사신들을 배에 태워 보내는 땅.

발 빠른 사신들아, 가거라.
키 크고 잘생긴 그들에게.
강줄기 여러 갈래로 나뉘어 흐르는 땅에 사는

강력하고 무자비한 민족,
어디서나 우러름 받는 그들에게 가거라.

³ 모든 곳, 모든 자들,
땅의 모든 주민들아,
산에 깃발이 나부끼는 모습이 보이거든, 잘 보아라!
나팔 부는 소리가 들리거든, 잘 들어라!

4-6 **하나님**께서 내게 이렇게 말씀하셨기 때문이다.

"나는 아무 말 없이,
그저 여기 나 있는 곳에서 지켜보고만 있을 것이다.
따뜻한 햇살처럼 고요히,
추수 때의 이슬처럼 조용히."
그러다가 추수 직전,
꽃철이 지나 포도가 영글 무렵이 되면,
그분이 오셔서 새로 난 가지들을 다 잘라 내고,
자라난 가지들을 가차 없이 쳐내실 것이다.
그것들, 바닥에 버려져
새와 짐승들 꼴이 될 것이다.
새들이 먹고 여름을 지내고,
짐승들이 먹고 겨울을 지내는 먹이가 될 것이다.

⁷ 그때에 만군의 **하나님**께 공물이 바쳐지리라.

키 크고 잘생긴 민족,

한때 어디서나 우러름 받던 그들,

강력하고 무자비하던 그들이

강줄기 여러 갈래로 나뉘어 흐르는 그 땅에서

시온 산, **하나님**의 처소로 공물을 가져올 것이다.

이집트: 무정부 상태, 대혼란, 살육!

19   ¹ 이집트에 대한 **메시지**다.

잘 보아라! **하나님**이 **빠른** 구름을 타고서

이집트를 향해 가신다!

이집트의 신들, 그 우상들이 벌벌 떤다.

이집트 사람들이 공포에 질려 몸이 굳는다.

²⁻⁴ **하나님**께서 말씀하신다. "내가 이집트 사람들끼리 치고

받으며 싸우게 하겠다.

형제들끼리 서로, 이웃들끼리 서로,

성읍과 성읍이, 나라와 나라가.

그곳은 무정부 상태가 되고, 대혼란과 살육이 벌어질 것이다!

내가 이집트 사람들의 혼을 빼놓을 것이며,

그들은 도무지 갈피를 잡지 못할 것이다.

그들이 답을 구하러 자기들의 신들, 그 우상들에게 달려갈

것이다.

응답이 절실한 그들, 혼령을 불러내는 의식을 거행할 것이다.

그러나 나는 이집트 사람들을

잔인하기 그지없는 폭군에게 넘겨,

야비하고 무자비한 왕의 통치를 받게 할 것이다."

주 만군의 **하나님**의 포고다.

5-10 나일 강이 말라 버릴 것이다.

강바닥까지 햇볕에 바싹 말라붙을 것이다.

운하에는 물이 고여 썩은 냄새가 풍기고,

나일 강에 닿는 개울들도 모조리 말라 버릴 것이다.

강가 식물들이 다 썩어 문드러지고

강둑은 딱딱하게 굳어지리라.

강바닥도 굳어 반질반질해지고

강가의 풀들도 말라비틀어져, 바람에 날려 사라질 것이다.

고기 잡는 어부들,

이제 고기잡이는 끝이라고 한탄할 것이다.

직물 짜는 자들, 일감이 떨어질 것이다.

아마포, 무명, 양털로 천을 짜는 모든 자들,

할 일 없어 빈둥거리며 풀이 죽어 지낼 것이다.

생계를 위해 일해야 하는 모든 자들, 아무 할 일이 없어질 것이다.

11-15 소안의 제후들은 멍청이들이고,
바로의 참모들은 얼간이들이다.
어떻게 너희가 바로에게
"저를 믿으십시오. 저는 일이 어떻게 돌아가는지 알고 있습니다.
저는 고대 이집트의 지혜를 계승한 현인입니다"라고 말할 수 있단 말이냐?
너의 이집트에 현인은 단 한 사람도 없다.
있다면, 그가 너에게
만군의 **하나님**께서 이집트에 대해 갖고 계신 생각을 일러 주었으리라.
실상은 소안의 제후들은 다 멍청이들이고,
멤피스의 제후들은 다 저능아들이다.
네가 사회의 기둥이라 치켜세웠던 자들, 그들이 이집트를 그릇된 길로, 막다른 골목으로 이끌었다.
하나님께서 그들의 머리를 뒤죽박죽으로 만드셨다.
이집트는 자기가 게워낸 토사물에, 스스로 미끄러져 자빠진 꼴이 되었다.
이집트는 희망이 없다. 어찌해 볼 수 있는 상황은 이미 지났다.
늙어 비실대는 노쇠한 얼간이다.

16-17 그날이 오면, 이집트 사람들은 극도로 흥분한 여학생들

처럼 되어, 만군의 **하나님**께서 행동하실 기미가 조금이라도 보이면 마구 비명을 질러댈 것이다. 미약한 유다가 그들에게 공포의 대상이 되리라! '유다'라는 말만 들어도 공포에 질릴 것이다. 그 이름을 들을 때마다, 이집트를 치시려는 만군의 **하나님**의 계획이 떠올라 두려움에 사로잡힐 것이다.

¹⁸ 그날이 오면, 이집트의 여러 성읍들이 믿음의 언어를 배우고 만군의 **하나님**을 따르겠노라 약속할 것이다. 이 성읍들 가운데 하나는 '태양의 성읍'이라는 영예로운 이름을 갖게 될 것이다.

¹⁹⁻²² 그날이 오면, 이집트 중심부에 **하나님**을 예배하는 처소가 자리하고, 국경에는 **하나님**께 바쳐진 기념물이 들어서, 만군의 **하나님**께서 그동안 이집트 사람들을 어떻게 도우셨는지 증거하게 될 것이다. 그들이 압제자들로 인해 **하나님**께 기도하고 부르짖으면, 그분께서 도움의 손길을 내미실 것이다. 그들을 지키고 보살펴 줄 구원자를 보내 주실 것이다. **하나님**께서 이집트 사람들에게 자신을 숨김없이 드러내실 그날에, 그들이 그분을 알게 되리라. 희생 제물과 번제물을 가져와 그분을 진심으로 예배하게 되리라. 그들이 하나님 앞에서 서약하고 그 서약을 지킬 것이다. **하나님**께서 이집트에게 상처를 입히고 치시겠지만, 그 후에는 고쳐 주실 것이다. 이집트가 **하나님**께 돌아오고, 하나님은 그들의 기도를 들으시고 그들을 치료해 주실 것이다. 머리끝부터 발끝까지 낫게 하실 것이다.

²³ 그날이 오면, 이집트에서 앗시리아까지 이어지는 대로가 열릴 것이다. 앗시리아 사람들이 이집트에서, 이집트 사람들이 앗시리아에서 마음껏 활보하며 다닐 것이다. 더 이상 적수가 아닌 그들, 이집트 사람들과 앗시리아 사람들이 함께 예배를 드릴 것이다!

²⁴⁻²⁵ 그날이 오면, 이스라엘은 이집트와 앗시리아와 어깨를 나란히 하고, 세상의 중심에서 복을 함께 나눌 것이다. 이스라엘에게 복 주신 만군의 **하나님**께서 그들 모두에게 넘치는 복을 내리실 것이다. "복되어라 이집트여, 나의 백성이여! 복되어라 앗시리아여, 내 손의 작품이여! 복되어라 이스라엘이여, 나의 소유여!"

벌거벗은 예언자의 표징

20

¹⁻² 앗시리아 왕 사르곤이 보낸 야전 사령관이 아스돗을 공격하여 점령했던 그해, **하나님**께서 아모스의 아들 이사야에게 말씀하셨다. "가서, 네 옷과 신발을 벗어 던져라." 이사야는 그렇게 했고, 알몸과 맨발로 다녔다.

³⁻⁶ 그 후 **하나님**께서 말씀하셨다. "내 종 이사야는 이집트와 에티오피아에 대한 경고의 표징으로 삼 년 동안 알몸과 맨발로 다녔다. 이제 그것이 그대로 이루어져, 앗시리아 왕이 쳐들어와 이집트와 에티오피아 사람들을 포로로 잡아갈 것이다. 젊은이나 늙은이 할 것 없이, 모두 알몸과 맨발로 끌

려가며 조롱거리가 될 것이다. 엉덩이를 드러낸 채 줄을 지
어 끌려가는 이집트 사람들의 모습을 생각해 보아라! 에티
오피아에 희망을 걸었던 자들, 이집트에게 도움을 기대했던
자들, 다 혼란에 빠질 것이다. 바닷가에 사는 자들은 이렇게
말하리라. '저들을 봐라! 알몸으로, 맨발로 끌려가는 저 포
로들! 저들이 우리의 희망이라 여겼는데. 우리를 앗시리
아 왕에게서 구해 주리라 믿었는데. 이제 우리는 어떻게 하
지? 어떻게 여기서 빠져나가지?'"

21

¹⁻⁴ 바닷가 사막에 대한 메시지다.

거센 폭풍우가 네겝 사막,
공포 가득한 그곳을 거쳐 돌진해 올 때,
한 준엄한 환상이 내게 임했다.
배신자가 배신당하고, 약탈자가 약탈당하는 환상이다.
공격하여라, 엘람아!
포위하여라, 메대야!
페르시아 사람들아, 공격하여라!
공격하여라, 바빌론을!
내가 모든 비탄과 신음을
끝장내리라.
이 소식으로 인해 나는 고통으로 몸을 구부렸다.

해산하는 여인처럼 고통스럽게 몸을 비틀었다.
들리는 소리로 정신이 아득해지고,
보이는 광경으로 맥이 탁 풀렸다.
어안이 벙벙해지고
공포에 사로잡힌 나,
느긋한 저녁 시간을 바랐건만,
다가온 것은 악몽이었다.

5 향연이 베풀어지는 자리,
손님들이 기대어 앉아 호사와 안락을 누리며
먹고 마시며 즐기고 있는데,
갑자기 소리가 들린다. "제후들아, 무기를 들어라! 전투가
벌어졌다!"

6-9 주께서 내게 말씀하셨다. "가서, 파수꾼을 세워라.
그에게 관측한 것을 보고하게 하여라.
전투대형을 갖춘 말과 마차들,
나귀와 낙타 행렬을 보거든,
땅바닥에 귀를 대고
작은 속삭임, 풍문 하나까지 귀담아들으라고 말해 두어라."
바로 그때, 파수꾼이 소리쳤다.
"주님, 저는 온종일을 매일같이,
밤을 새워 가며

제 자리를 지키며 보초를 섭니다!
저는 몰려오는 그들,
전투대형을 갖춘 말과 마차들을 지켜보았습니다.
그들이 큰소리로 알리는 전쟁 소식을 들었습니다.
'바빌론이 쓰러졌다! 쓰러졌다!
그 귀한 신-우상들,
다 바닥에 메쳐져 산산조각 나버렸다.'"

¹⁰ 사랑하는 이스라엘아, 너희가 그동안 많은 일을 겪었다.
맷돌에 넣어져 으깨졌다.
이제 내가 이스라엘의 **하나님**,
만군의 하나님께 들은 기쁜 소식을 너희에게 전한다.

❧

¹¹⁻¹² 에돔에 대한 **메시지다.**

에돔의 세일 산에서
한 음성이 나에게 울려 퍼진다.
"야간 파수꾼이여! 동이 트려면 얼마나 남았느냐?
이 밤이 얼마나 남았느냐?"
야간 파수꾼이 소리쳐 대답한다.
"아침이 오고 있다.
그러나 아직은 밤이다.

다시 물어도 내 대답은 같다."

❧

13-15 아라비아에 대한 **메시지**다.

너희 드단의 대상들아,
너희는 사막 불모지에 천막을 치고 야영해야 할 것이다.
목마른 자들에게 물을 갖다 주어라.
도망자들에게 **빵**을 대접해 주어라.
데마에 사는 너희여,
너희가 잘하는 사막의 환대를 보여주어라.
사막이 전쟁의 공포를 피해 도망쳐 나오는
피난민들로 넘쳐난다.

16-17 주께서 내게 말씀하셨다. "기다려라. 일 년 안에—내가
약정하노라!—사막의 불한당인 게달의 오만과 잔인함이 끝
장날 것이다. 게달 불량배들, 살아남을 자가 많지 않을 것이
다." 이스라엘의 **하나님**의 말씀이다.

예루살렘에 대한 경고

22

1-3 '환상 골짜기'에 대한 **메시지**다.

지금 무엇을 하고 있느냐?

이 시끄러운 파티소리는 무엇이냐?
길거리에 환호소리, 박수소리 요란하고
성읍 전체가 축제로 들썩이는구나!
존경할 만한 용감한 군인,
자랑스러운 전쟁 영웅 하나 없는 너희다.
너희 지도자들은 모두
칼 한번 휘두르지 못하고 붙잡힌 겁쟁이들이다.
너희는 싸움터에서 줄행랑치다 붙잡힌
겁쟁이들의 나라다.

4-8 그 소란 중에 내가 말했다. "나를 혼자 내버려 두어라.
홀로 슬피 울게 놔두어라.
다 잘될 것이라는 말, 내게는 하지 마라.
이 백성은 망할 것이다. 잘되지 않을 것이다."
주 만군의 **하나님**께서
떼 지어 몰려든 사람들로 요란해질 날이 이르게 하실 것이다.
'환상 골짜기'에서 서로 밀치며 우르르 도망치는 소리,
성벽 허물어뜨리는 소리,
산을 향해 "공격! 공격!"을 외치고 아우성치는 소리로 요란
할 날을.
옛 원수들, 엘람과 기르가 빈틈없이 무장하고,
무기와 전차와 기병부대를 갖추고 쳐들어온다.
네 아름다운 골짜기들이 전쟁소리로,

이리저리 돌진하는 전차와 기병들 소리로 요란하다.
하나님께서 유다를 무방비 상태로 내버려 두셨다.

8-11 그날, 너희는 방어진을 점검하고 '숲 병기고'의 무기들을 검열했다. 성벽의 약한 지점을 찾아 보수했다. 너희는 '아랫못'에 물을 충분히 저장해 두었다. 예루살렘의 모든 집을 조사하여, 어떤 집은 허물고 그 벽돌을 성벽에 덧대어 튼튼하게 만들었다. 물을 충분히 확보하기 위해 커다란 수조도 만들었다.

너희는 이것저것을 살피고 둘러보았다. 그러나 너희는 이 성읍을 너희에게 주셨던 분을 바라보지 않았다. 이 성읍에 관해 오래전부터 계획을 세우셨던 그분께는 단 한 번도 자문을 구하지 않았다.

12-13 그날, 주 만군의 **하나님**께서
소리쳐 이르셨다.
눈물로 회개하는 시간을 가지라고,
잿빛 옷을 입고 비가를 부르라고.
그런데 너희는 지금 무엇을 하고 있느냐? 너희는 파티를 열었다!
먹고 마시고, 길거리에서 춤판을 벌였다!
소와 양을 잡고, 엄청난 잔치를 열었다.
술판, 고기판을 벌였다.

"오늘을 즐기자! 먹고 마시자!
내일이면 죽을 테니!"

14 만군의 **하나님**께서 내게 이 천박함에 대한 그분의 평결을
속삭여 일러 주셨다. "너희는 죽는 날까지 이 악한 행위에 대
한 대가를 치르게 될 것이다." 주 만군의 **하나님**의 말씀이다.

셉나에게 경고하시다

15-19 주 만군의 **하나님**께서 말씀하셨다. "오라, 궁중업무 총
책임자인 셉나에게 가서 이렇게 전하여라. 이것이 대체 무슨
짓이냐? 외부인에 지나지 않는 네가 마치 주인인 양 행세하
고 있다. 보란 듯이 제 무덤을 크고 화려하게 만들어 놓고는
거물처럼 굴고 있다. **하나님**이 너를 덮쳐 가진 것을 다 빼앗
고, 너를 개들에게 던져 버릴 것이다. 네 머리채를 잡아 공중
에서 빙글빙글 돌렸다가 놓아 버릴 것이다. 그러면 너는 공
처럼 날아가 시야에서 사라지리라. 아무도 모르는 곳까지 날
아가 떨어져서, 거기서 죽을 것이다. 그동안 네가 네 무덤 속
에 쌓아 둔 것들도 다 사라질 것이다. 너는 네 주인의 집을 수
치스럽게 했다! 너는 이제 해고다. 아, 속이 시원하다!

20-24 그날이 오면, 나는 너 셉나를 교체할 것이다. 힐기야의
아들인 내 종 엘리아김을 불러 그에게 네 의복을 입혀 줄 것이
다. 그에게 네 띠를 매어 주고, 네 권력을 넘겨줄 것이다.

그는 예루살렘과 유다 정권의 아버지 같은 지도자가 될 것이다. 나는 그에게 다윗 유산의 열쇠를 줄 것이다. 그가 장악하고서, 어떤 문이라도 열고 어떤 문이라도 닫을 것이다. 단단한 벽 속에 못을 박아 넣듯 내가 그를 박아 넣을 것이다. 그는 다윗 전통을 굳게 지킬 것이다. 모두가 그에게 매달릴 것이다. 다윗 후손의 운명뿐 아니라, 컵이나 나이프같이 그 집안의 세세한 것까지도 그를 의지하게 되리라."

25 만군의 **하나님**께서 말씀하신다. "그 다음에, 그 못이 느슨해져 단단한 벽에서 떨어져 나올 날이 올 것이다. 그날에, 못에 매달려 있던 것들 전부가 떨어져 부서질 것이다." 이것이 앞으로 일어날 일이다. **하나님**의 말씀이다.

두로와 시돈에 대한 경고

23

1-4 다시스의 배들아, 슬피 울어라.
강력했던 너희 항구들, 모두 잿더미가 되었다!
키프로스에서 돌아오는 배들,
그 몰락을 목도했다.
바닷가에 사는 너희 시돈의 상인들아,
입을 다물어라.
큰 바다를 항해하면서
물건을 사고팔며,
시홀에서 생산된 밀들,
나일 강변에서 자란 밀들로 너희는 돈을 벌어들였지.

다국적 곡물 중개상을 하던 너희여!

시돈아, 이제 부끄러운 줄 알고 고개를 숙여라.

그 바다, 정력 넘치던 해양이 소리 높여 말한다.

"나는 산고를 겪어 본 적도, 아기를 낳아 본 적도,

아이를 키워 본 적도 없다.

생명을 주어 본 적도, 생명을 위해 일해 본 적도 없다.

그저 숫자들, 생명 없는 숫자들, 이윤과 손실 액수나 세어

왔을 뿐."

5 두로에 대한 소식이 이집트에 전해지면,

통곡소리! 그 가슴 쥐어뜯는 소리 들리리라!

6-12 바닷가에 사는 너희여, 다시스에 가보아라.

가서 잘 살펴보고 통곡하여라. 눈물바다를 이루어라!

이것이 너희가 기억하는, 정력과 활력 넘치던 그 성읍이 맞

느냐?

활발하고 북적거리던 유서 깊은 성읍,

전 세계로 뻗어나가

물건을 사고팔던 그 성읍이 맞느냐?

세계시장을 주름잡던 두로,

그 두로의 멸망 배후에 누가 있는지 아느냐?

두로의 상인들, 그 세계의 거물들이었다.

두로의 거래상들, 큰손들이었다.

만군의 **하나님**께서 추락을 명하셨다.
오만의 추한 이면을 드러내시려고,
부풀린 명성을 땅에 떨어뜨리시려고 그리하셨다.
아, 다시스의 배들아, 배를 돌려 귀향하여라.
이 항구에는 선착장이 남아 있지 않다.
하나님께서 바다와 상인들에게 손을 뻗어
그 바다 왕국들을 혼란에 빠뜨리셨다.
하나님께서 그 바닷가 성읍들,
상업 중심지의 파괴를 명하셨다.
하나님께서 말씀하셨다. "이곳은 이제 내세울 것 하나 없이
되었다.
시돈은 파산했고 다 **빼앗겼다**.
키프로스에서 새 출발을 하고 싶다고?
꿈도 꾸지 마라. 거기서도 너희는 되는 일이 없을 것이다."

¹³ 바빌론이 어떻게 되었는지 보아라. 남은 것 하나 없이 다
멸망했다. 앗시리아가 그곳을 사막으로, 들개와 들고양이들
의 은신처로 만들어 버렸다. 거대한 포위 공격 무기들로 건
물들을 모조리 무너뜨렸다. 그곳에는 돌무더기만 남았다.

¹⁴ 다시스의 배들아, 통곡하여라.
강력했던 너희 항구들, 다 잿더미가 되었다!

❧

15-16 앞으로 왕들의 평균 수명인 칠십 년 동안, 두로는 잊혀질 것이다. 그 칠십 년이 차면 재기하겠지만, 그것은 한물간 창녀의 재기일 뿐, 두로는 이런 노랫말 속의 주인공 같을 것이다.

"잊혀진 창녀여,
하프를 들고 성읍을 돌아다녀 보아라.
전에 부르던 노래, 자주 부르던 노래들을 불러 보아라.
행여 누군가 기억해 주는 사람이 있을지도 모르니."

17-18 칠십 년이 차면 **하나님**께서 두로를 돌아보실 것이다. 그녀는 전에 하던 무역일, 매춘과 같은 그 일로 돌아가 가장 높은 가격을 부르는 자에게 자신을 팔 것이다. 화대만 주면 누구와 무슨 짓이라도 할 것이다. 땅의 모든 나라와 난잡한 거래를 벌일 것이다. 그러나 그녀가 받은 돈 전부는 **하나님**께 넘겨질 것이다. 제 몫으로 저축하지 못할 것이다. 그녀가 벌어들이는 이윤 전부는, **하나님**을 알고 **하나님**을 섬기는 백성에게 풍부한 음식과 최고의 옷을 마련해 주는 일에 쓰일 것이다.

하나님께서 땅을 벌하시리라

24 ^1-3^ 위험이 코앞에 닥쳤다! **하나님**께서 땅을 초토화하고

잿더미로 만드실 것이다.

전부를 뿌리째 뒤엎고

모두를 갈팡질팡하게 만드실 것이다.

제사장도 백성도,

소유주도 노동자도,

이름 있는 자도 이름 없는 자도,

사는 자도 파는 자도,

재력가도 가난뱅이도,

가진 자도 못 가진 자도.

땅의 모습이 달표면처럼 되리라.

완전히 황폐해지리라.

그 까닭을 아느냐? **하나님**께서 그렇게 말씀하시기 때문이다.

그분이 명령을 내리셨기 때문이다.

^4^ 땅이 황량해지고 잿빛이 되리라.

세상은 정적과 슬픔만이 감돌고,

하늘과 땅이 생기와 빛을 잃으리라.

^5-13^ 땅이 거기 사는 사람들로 인해 더럽혀졌다.

법을 깨뜨리고,

질서를 교란시키며,

신성하고 영원한 언약을 범하는 자들로 더럽혀졌다.

그로 인한 저주가, 마치 암처럼

땅을 초토화시키고 있다.

사람들은 신성한 것을 짓밟은 죄값을 치르고 있다.

그들의 수가 점점 줄어 없어진다. 하나씩 죽어 나간다.

포도주도 없고 포도농장도 없고,

노래도, 노래하는 자도 없다.

소고 치며 웃는 소리가 사라지고

잔칫집의 떠들썩한 소리도 사라졌으며,

수금 켜며 웃는 소리도 사라졌다.

축배를 드는 파티, 더 이상 열리지 않는다.

술꾼조차도 고개를 젓는 역겨운 술만 남았다.

혼돈에 빠진 성읍들, 사람이 도무지 살 수 없는 곳이다. 무
정부상태다.

집들은 전부 문에 못질을 하여 폐가로 변했다.

포도주를 찾아 헤매는 사람들, 길거리에서 소요를 일으키지만
좋았던 시절은 영영 가 버렸다.

이 낡은 세상에 더는 남은 기쁨이 없다.

성읍은 죽고 버려져,

잔해 더미만 남았다.

이것이 이 땅에 임할 미래다.

이것이 모든 나라에 닥칠 운명이다.

다 털려 올리브 하나 남지 않은 올리브나무,
다 털려 포도알 하나 남지 않은 포도나무처럼 될 것이다.

14-16 그러나 즐거운 노래를 터뜨릴 자들도 있다.
그들, 서쪽에서 **하나님**의 장엄을 소리쳐 노래하리라.
그렇다. 동쪽에서 **하나님**의 영광이 높아지리라.
바다의 모든 섬이
하나님의 명성을,
이스라엘의 하나님의 명성을 널리 퍼뜨릴 것이다.
사방 칠대양에서 이런 노랫소리 들려오리라.
"의로우신 분께 찬양을 드리세!"

16-20 그러나 나는 말했다. "누구에게는 좋은 일이 있을지 모
르겠지만,
지금 내 눈에 보이는 것은 파멸, 파멸. 더 큰 파멸뿐이다."
모든 사람이 서로의 목을 노리고 있다.
그렇다. 모두들 다른 사람의 목을 노리고 있다.
어디를 가나
공포와 구렁과 올가미 천지다.
공포를 피해 달아나면,
구렁에 빠진다.
구렁에서 기어올라오면,
올가미에 걸린다.

혼돈이 하늘에서 쏟아져 내린다.
땅의 기초가 허물어진다.
땅이 산산조각으로 깨어진다.
땅이 갈기갈기 찢어진다.
땅이 흔들린다.
땅이 술 취한 자처럼 비틀거리며,
폭풍 속의 판잣집처럼 요동한다.
쌓이고 쌓인 죄들, 이제 감당할 수 없는 무게가 되었다.
무너져 내린다. 다시는 서지 못할 것이다.

21-23 바로 그날에, **하나님**께서
하늘의 반역 세력과
땅의 반역한 왕들을 불러내 혼쭐내실 것이다.
그들을 붙잡아 죄수처럼 감옥에 가두실 것이다.
짐승을 우리에 가두듯 감옥에 처넣으시고,
형을 선고하여 중노동을 시키실 것이다.
달이 창피해서 어깨를 움츠릴 것이다.
해가 부끄러워 슬그머니 숨을 것이다.
만군의 **하나님**이 즉위하셔서,
시온 산과 예루살렘에서부터 통치하실 것이기 때문이다.
모든 지도자 앞에서
당신의 찬란한 영광을 나타내실 것이기 때문이다.

하나님의 손이 이 산 위에 머무신다

25 1-5 **하나님**, 주는 나의 하나님이십니다.

내가 주를 높이 기립니다. 주를 찬양합니다.

주께서 놀라운 기적들을 행하셨고,

치밀하게 세우신 계획들, 견실하고 확실히 실행하셨습니다.

주께서 성읍을 돌무더기로 만드시고,

강력했던 성읍을 잿더미로 만드셨습니다.

그 원수 '큰 도성'은 이제 도성도 아니고,

앞으로도 그럴 것입니다.

이를 목도하게 될 초강대국들이 주를 높이고,

잔혹한 압제자들도 주를 경외하며 몸을 굽힙니다.

그들은 주께서 가난한 이들을 돌보시는 광경을 보게 될 것입니다.

곤궁에 처한 가련한 이들을 돌보시되

궂은 날에는 따뜻하고 마른 보금자리를,

무더운 날에는 서늘한 쉼터를 마련해 주심을 알게 될 것입니다.

잔혹한 압제자들은 겨울의 눈보라와 같고,

사악한 이방인들은 사막의 정오와 같습니다.

그러나 주께서는 폭풍우를 피할 피난처,

뙤약볕을 피할 그늘이 되어 주시며,

그 큰소리치는 악당들의 입을 막아 버리십니다.

6-8 여기 이 산 위에서, 만군의 **하나님**이
온 세상 만민을 위한 향연을 베푸실 것이다.
최상급 음식과 최고급 포도주가 나오는 향연,
일곱 코스의 일품요리와 고급 디저트가 나오는 향연을 베푸
실 것이다.
또 여기 이 산 위에서, **하나님**은
만민 위에 드리웠던 파멸의 장막,
모든 민족 위에 드리웠던 파멸의 그림자를 걷어 내실 것이다.
그렇다. 그분께서 죽음을 영원히 추방하실 것이다.
하나님께서 모든 얼굴에서 눈물을 닦아 주시며,
자기 백성의 수치를, 어디서든,
흔적도 없게 하시리라.
그렇다! **하나님**께서 그렇게 말씀하신다!

9-10 그때가 되면, 사람들이 말하리라.
"보아라! 우리 하나님이시다!
우리가 기다렸던 분, 마침내 오셔서 우리를 구원해 주셨다!
이분이시다. 우리가 기다려 왔던 **하나님**!
함께 기뻐하자. 그분의 구원을 기뻐하며 노래하자.
하나님의 손이 이 산에 머무신다!"

10-12 모압 사람들, 그들은 쓰레기 취급을 당하리라.
시궁창에 처박히리라.

물에 빠져 허우적거리는 자처럼
자맥질해도,
결국 하수구 구정물 속으로 가라앉을 것이다.
그들의 교만이 그들을 아래로 가라앉히고,
그들의 유명했던 요새들, 다 무너져 폐허가 되리라.
강력했던 성벽들, 다 허물어져 먼지 더미가 될 것이다.

삶의 경계를 넓히신 하나님

26 ¹⁻⁶ 그때에, 이런 노래가 유다 나라에서 불리리라.

우리에게는 강력한 도성이 있네.
구원의 도성, 구원으로 세워진 도성.
성문을 활짝 열어 젖혀라.
선한 이들, 참된 이들이 들어올 수 있도록.
주께 일편단심인 이들,
주께서 온전히 지켜 주시며,
그들은 두 발로 굳게 선다네.
그들의 태도 한결같고 절대 물러서지 않는다.
하나님을 의지하여라. 굳게 의지하여라.
주 **하나님**만이 참으로 믿을 만한 분이시다.
지체 있고 권세 높은 자들,
그분이 높은 데서 다 떨어뜨리셨다.
언덕 위의 도성,

습지를 메우는 흙더미가 되게 하셨다.
착취당하고 소외된 백성,
땅을 되찾고 거기서 삶을 재건한다.

7-10 바르게 사는 이들의 길은 평탄합니다.
높은 것을 낮추고 낮은 것을 높이시는 분이 그 길을 닦아 주
십니다.
하나님, 우리는 서두르지 않습니다. 우리는
주의 결정들이 푯말로 붙어 있는 길을 느긋하게 걷습니다.
주님 자신과 주께서 행하신 일이
우리가 원하는 전부입니다.
밤새도록 내 영혼이 주를 갈망합니다.
마음 깊은 곳에서 내 영이 주를 열망합니다.
주의 결정들이 마침내 드러나는 날,
모두가 바른 삶을 배울 것입니다.
악인들은 드러난 은혜를 보면서도
도무지 배우지 못합니다.
바른 삶의 땅에서도 끝까지 잘못된 삶을 고집합니다.
눈멀어 **하나님**의 광채를 보지 못합니다.

11-15 **하나님**, 주께서 주의 손을 높이 드십니다.
그러나 그들은 보지 못합니다.
그들의 눈을 열어 주의 일을 보게 하시고,

주의 백성을 향한 주의 열정 넘치는 사랑을 보게 해주십시오.
그들로 부끄러움을 당하게 해주십시오. 그들이 있는 곳에
불을 놓아,
모두가 주의 원수인 그들을 주목하게 해주십시오.
하나님, 우리가 평화롭고 온전한 삶을 살 수 있게 해주십시오.
우리가 성취한 일은 모두 주께서 우리를 위해 행하신 일들
입니다.
오 **하나님**, 우리 하나님, 지금껏 여러 주인들의 지배를 받아
왔지만
우리의 참 주인은 오직 주님이십니다.
죽은 자들은 말하지 못하고
유령들은 걷지 못합니다.
주께서 "이제 그만!" 하시며,
그들을 책에서 지워 버리셨기 때문입니다.
그러나 산 자들은 주께서 더 크게 하십니다.
더 풍성한 생명을 주시고, 더 많은 영광을 보여주시며,
삶의 경계가 더 커지도록 넓혀 주십니다!

16-18 오 **하나님**, 그들이 환난에 처했을 때 주께 도움을 구했
습니다.
주의 징계가 너무 무거워
그들은 한 마디의 기도조차 하기 어려웠습니다.
마치 해산이 임박하여,

고통 가운데 몸을 비틀며
비명을 지르는 여인 같았습니다.
오 **하나님**, 우리가 그러했습니다. 주 때문이었습니다.
우리는 늘 그런 임신부였습니다.
산고로 몸을 비틀었지만 아이를 낳지 못했습니다.
바람만 낳았을 뿐입니다.
우리의 산고는 아무것도 낳지 못했습니다.
어떤 생명도 생산하지 못했습니다.
우리는 세상을 구원하지 못했습니다.

[19] 그러나, 너희 죽은 자들이 살아날 것이다.
너희 시신이 두 발로 일어설 것이다.
죽어 묻혔던 너희 모두,
깨어나라! 노래하여라!
주의 이슬은
첫 햇살 머금은 아침 이슬이니,
생명으로 들끓는 땅,
죽은 자들을 내어놓는다.

[20-21] 오라, 나의 백성들아, 집에 가서
문을 닫고 그 안에 숨어라.
잠시 피해 있어라.
진노의 벌이 지나갈 때까지.

하나님께서 분명 땅 위 사람들의 죄를 벌하시려고
그분의 처소에서 나오실 것이다.
그날에, 땅이 직접 핏자국을 드러내어
살해된 사람들이 묻힌 곳을 알려 줄 것이다.

27

¹ 그때에 **하나님**께서 당신의 칼,
무자비하고 강력한 칼을 빼셔서,
달아나는 뱀 리워야단,
몸부림치며 도망가는 뱀 리워야단을 벌하실 것이다.
그분께서 바다에 사는 그 옛 용을
죽이실 것이다.

²⁻⁵ "그때에, 한 아름다운 포도원이 나타나리라.
노래가 절로 나올 만큼 아름다운 포도원!
나 **하나님**이 그 포도원을 가꾸고
물을 대어,
누구도 해를 끼치지 못하도록
늘 보살펴 준다.
나는 노를 발하지 않는다. 다만 마음 써 줄 뿐.
엉겅퀴와 가시덤불이 돋아난다고 해도,
내가 그것들을 뽑아
불에 태울 것이다.

그 포도나무가 안전하고자 하거든, 내게 꼭 붙어 있게 하여라.
나와 더불어 건강히 잘살고자 하거든, 나를 찾게 하여라.
온전한 삶을 살고자 하거든, 내게 꼭 붙어 있게 하여라."

⁶ 야곱이 뿌리를 내리게 될 날,
이스라엘이 꽃을 피우고 새 가지를 내며,
그 열매로 온 세상을 가득 채울 날이 오고 있다.

⁷⁻¹¹ 야곱을 친 자들을 때려눕히신 것처럼
하나님께서 야곱을 바닥에 때려눕히신 적이 있느냐? 아니,
없다.
야곱을 죽인 자들이 죽임당한 것처럼
야곱이 죽임을 당한 적이 있느냐? 아니, 없다.
그분은 이스라엘에게 가혹하셨다. 유랑은 혹독한 형벌이었다.
그분께서 맹렬한 돌풍으로 그들을 멀리 불어 날리셨다.
그러나 기쁜 소식이 있으니, 이러한 일들을 통해
야곱의 죄가 사라졌다.
야곱의 죄가 제거되었다는 증거가 이렇게 나타날 것이다.
그분께서 이방 제단들을 허무실 것이다.
돌 하나도 돌 위에 남기지 않고 다 허물어뜨리시고,
그 돌을 으깨어 가루가 되게 하실 것이다.
음란한 종교 산당들도 모조리 없애실 것이다.
대단하던 위용, 이제 흔적도 없다.

이제 그곳에는 아무도 살지 않는다. 사람이 살 수 있는 곳이
못 된다.
짐승들이나 이리저리 다니며,
풀을 뜯고 누워 잘 뿐이다.
그곳은 땔감 얻기에는 나쁘지 않은 곳이다.
마른 잔가지와 죽은 가지들이 지천에 널렸다.
하나님에 대해 무지한 자들이 남기는 흔적이란 이런 것이다.
그렇다. 이스라엘을 만드신 하나님께서
그들과 절교하실 것이다.
그들을 지으신 분께서 그들에게 등을 돌리실 것이다.

12-13 **그때에 하나님께서**
유프라테스 강에서부터 이집트 시내에 이르기까지 타작 일
을 하시리라.
너희 이스라엘 백성은
알곡처럼 한 알 한 알 거둬질 것이다.
바로 그때에 거대한 나팔소리가 울려 퍼질 것이다.
앗시리아의 유랑민을 고향으로 부르는 소리,
이집트의 난민들을 고향으로 맞아들이는 소리다.
그들이 와서, 거룩한 산 예루살렘에서 **하나님**을 경배할 것
이다.

에브라임에 대한 경고

28

1-4 화가 있으리라, 몰골 사납고 초라한
에브라임의 거만한 주정꾼들,
잘나가던 과거를 엉성하게 흉내 내면서 비틀거리는
술배 나온 주정뱅이들.
잘 보아라. **하나님**께서 누군가를 선발하셨다.
그들을 때려눕힐 거칠고 힘센 누군가를.
우박폭풍과 허리케인처럼, 순식간에 밀려드는 홍수처럼,
그가 한 손으로 그들을 들어 바닥에 메어칠 것이다.
이스라엘 머리 위의 파티 모자 같은 사마리아가
한 방에 나가 떨어질 것이다.
개에게 던져진 한 조각 고기보다
더 빨리 눈앞에서 사라지고 말 것이다.

5-6 그때에, 만군의 **하나님**께서 친히
자기 백성의 남은 자들에게, 머리 위에 얹힌 아름다운 면
류관이 되실 것이다.
인도하고 결정하는 이들에게는 정의의 활력과 통찰을,
지키고 보호하는 이들에게는 힘과 용맹을 주실 것이다.

7-8 제사장과 예언자들까지 술에 취해 비틀거린다.
갈지자걸음으로 걷다가 이내 나자빠진다.
코가 삐뚤어지도록 포도주와 위스키를 마신 그들,

앞도 제대로 못 보면서 헛소리를 지껄인다.
식탁마다 구토물 범벅이다.
아예 그 속에서 뒹굴며 산다.

9-10 "그래? 대체 네가 뭔데 우리를 가르치려 드느냐?
대체 네가 뭔데 우리에게 어른 행세냐?
우리가 젖먹이도 아닌데,
왜 애한테 말하듯이
'이거, 이거, 이거, 이거,
저거, 저거, 저거, 저거,
착하지, 우리 꼬마'라고 말하느냐?"

11-12 그러나 너는 바로 그런 식으로 말을 듣게 될 것이다.
하나님께서는 이 백성에게
젖먹이에게 말하듯, 한 음절씩 끊어서 말씀하실 것이다.
이방 압제자들의 입을 통해 그렇게 하실 것이다.
그분이 전에 말씀하셨다. "지금은 쉴 때고, 여기가 쉴 곳이
다. 지친 사람들이 쉼을 얻을 때다.
여기에 너희 짐을 내려놓아라."
그러나 그들은 들으려 하지 않는다.

13 그러므로 하나님께서 다시 기초로 돌아가,
젖먹이에게 말하듯, 한 음절씩 끊어서 말씀하실 것이다.

"이거, 이거, 이거, 이거,
저거, 저거, 저거, 저거,
착하지, 우리 꼬마."
그러면 그들은 걸음마를 배우는 아이처럼 일어나 걷다가 넘어지고,
멍이 들어 당황하며, 길을 잃고 말 것이다.

14-15 너희, 조롱하는 자들아, 예루살렘에서 이 백성을 다스리는 자들아,
이제 **하나님**의 **메시지**에 귀 기울여라.
너희는 말한다. "우리는 좋은 생명보험을 들어 두었다.
손해 보는 일이 없도록 만반의 준비를 해두었다.
어떤 불상사가 일어나더라도 우리는 괜찮다. 다 대비해 두었다.
전문가의 조언대로 다 해두었다. 우리는 안전하다."

16-17 그러나 주 **하나님**께서 말씀하신다.

"잘 보아라. 나는 시온에 초석을 하나 놓을 것이다.
네모반듯하고 확고부동한 초석이다.
그 돌이 뜻하는 바는 이렇다.
'믿고 의지하는 자 흔들리지 않는다.'
나는 정의를 줄자 삼고,

의를 다림줄 삼아 건축할 것이다.
거짓말로 지어진 판잣집은 우박폭풍에 무너지고,
남은 조각은 폭우에 다 쓸려 갈 것이다.

18-22 그러면 너희는, 애지중지하던 생명보험 증권이
한낱 종잇조각에 불과하다는 것을 알게 되리라.
죽음을 막아 보겠다고 세운 그 모든 면밀한 대책들은
그저 착각과 거짓의 꾸러미일 뿐이었다.
재난이 닥쳐오면,
너희는 아스러진다.
아침에도 재난, 밤에도 재난.
재난이란 재난이 다 너희를 덮친다."
재난에 대한 소문을 듣기만 해도
너희는 공포에 질려 몸이 움츠러든다.
한숨 돌릴 수 있는 곳,
몸을 숨길 수 있는 곳은 어디에도 없을 것이다.
격노하신 **하나님**께서 벌떡 일어서시리라.
오래전 브라심 산에서와 같이,
또 기브온 골짜기에서 블레셋 사람을 치셨던 때처럼.
이번에는 너희가 표적이다.
믿기 어렵겠지만, 사실이다.
너희에게 예상치 못한 일이 닥쳐온다.
그러니, 정신 차려라. 비웃지 마라.

비웃다가는 더 심한 일을 겪는다.

나는 파괴 명령이 내려지는 소리를 들었다.

만군의 **하나님**께서 내리시는 명령, 전 세계적 재난을 명하시는 소리를 들었다.

❧

23-26 이제 내 말에 귀 기울여라.

최대한 주목해 들어라.

쟁기질하는 농부가 쟁기질만 계속하더냐?

혹은, 써레질만 계속하더냐?

땅을 고르고 나면 파종하지 않더냐?

소회향 씨, 대회향 씨를 뿌리지 않더냐?

밭에 밀과 보리를 심고,

가장자리에는 귀리를 심지 않더냐?

그들은 무슨 일을 언제 해야 할지를 정확히 안다.

그들의 하나님께서 그들에게 가르쳐 주신 것이다.

27-29 그리고 추수 때가 되면, 섬세한 허브와 향신료들,

소회향과 대회향을 조심스레 다룬다.

밀을 탈곡하고 맷돌질할 때도, 알맞은 정도가 있다.

농부는 각각의 곡식을 어떻게 다뤄야 하는지 안다.

만군의 **하나님**에게서 배웠기 때문이다.

일을 언제, 어떻게, 어디서 해야 하는지 너무도 잘 아시는

그분에게서
배웠기 때문이다.

예루살렘의 운명

29 ¹⁻⁴ 너에게 화가 있으리라. 아리엘아, 아리엘아,
다윗이 진을 쳤던 성읍아!

해가 지나고 또 지나고
축제 절기가 돌고 돌아도,
나는 예루살렘을 봐주지 않을 것이다.
그 신음소리가 계속될 것이다.
예루살렘은 내게 아리엘이다.
다윗처럼, 내가 진 치고 너를 치겠다.
포위하고 토성을 쌓고,
무기와 장치들을 동원해 공략하겠다.
너는 땅바닥에 메쳐져,
흙먼지를 뒤집어쓴 채 웅얼거릴 것이다.
흙바닥에서 나는 네 목소리가 마치 유령의 중얼거림 같을
것이다.
흙더미 속에서 들려오는 속삭임 같을 것이다.

⁵⁻⁸ 그러나 두들겨 맞아 가루가 될 운명은 너의 원수들이다.
그 폭도들, 겨처럼 바람에 날려가 버릴 것이다.
갑자기, 난데없이,

만군의 **하나님**께서 찾아오실 것이기 때문이다.
천둥과 지진과 거대한 굉음,
허리케인과 토네이도와 번쩍이는 번개를 동반하고 오실 것
이다.
그러면 아리엘과 전쟁중이던 그 원수의 무리,
그를 괴롭히고 들볶고 못살게 굴던 그 폭도들,
결국 하룻밤 악몽에 지나지 않은 존재가 되고 말 것이다.
굶주린 사람이 자면서 스테이크 먹는 꿈을 꾸더라도
깨어나면 여전히 배가 고픈 것처럼,
목마른 여인이 자면서 아이스티 마시는 꿈을 꾸더라도
깨어나면 여전히 목이 마른 것처럼,
시온 산을 상대로 전쟁을 벌인 그 나라들, 그 폭도들은
깨어나면 자기들은 화살 하나 쏘지 못했다는 것을,
목숨 하나 없애지 못했다는 것을 알게 될 것이다.

9-10 마취제를 먹어라. 아무것도 느끼지 못하게.
스스로 장님이 되어라. 아무것도 보지 못하게.
포도주 없이도 술에 취하고
위스키 없이도 정신을 잃으리라.
하나님께서 너희를 깊고 깊은 잠 속으로 던져 넣으셨고,
분별하는 일을 해야 할 예언자들을 잠들게 하셨으며,
멀리 보아야 할 선견자들을 잠들게 하셨다.

너희는 모든 일을 뒤집어서 생각한다!

11-12 우리가 본 이것은 봉인된 봉투 속에 들어 있는 편지 같은 것이다. 너희가 글을 읽을 줄 아는 사람에게 그것을 건네며 "읽어 보라"고 하면, 그는 "못합니다. 봉투가 봉인되어 있습니다" 하고 말할 것이다. 또 너희가 글을 읽을 줄 모르는 사람에게 그것을 주면서 "읽어 보라"고 하면, 그는 "나는 글을 읽을 줄 모릅니다" 하고 말할 것이다.

❧

13-14 주께서 말씀하셨다.

"이 백성이 입바른 말을 거창하게 떠벌리지만,
그들의 마음은 딴 데 있다.
겉으로는 나를 경배하는 듯해도,
진심은 그렇지 않다.
그러므로 내가 나서서 그들을 놀라게 하겠다.
깜짝 놀라 소스라치게 만들겠다.
만사를 통달했다고 여긴 현자들이
알고 보니 바보였다는 사실이 폭로될 것이다.
모르는 것이 없다고 여긴 똑똑한 자들이
실은 아무것도 모른다는 사실이 드러날 것이다."

15-16 너희에게 화가 있으리라! 스스로 우위에 있다고 여기는

너희,
너희는 **하나님**을 밖으로 내보내고 몰래 일을 꾸민다.
만사를 모두 꿰고 있는 것처럼 장래 일을 계획하고,
은밀하게 활동하며 정체를 숨긴다.
너희는 모든 일을 뒤집어서 생각한다!
옹기장이를 진흙 덩어리처럼 취급한다.
책이 저자를 두고
"그는 한 글자도 적지 않았다"고 말할 수 있느냐?
음식이 요리한 여인을 두고
"그 여자는 아무것도 하지 않았다"고 말할 수 있느냐?

17-21 때가 되면, 너희가 모르는 사이에,
전혀 너희 힘을 빌리지 않고,
황무지였던 레바논이 울창한 동산으로 변모되며,
갈멜 산에 다시 숲이 우거질 것이다.
그때가 되면, 귀먹은 자들이
한 글자도 놓치지 않고 기록된 모든 말씀을 들을 수 있게 되
리라.
평생을 암흑 속에서 보냈던 눈먼 자들이
눈을 떠서 보게 되리라.
사회에서 버림받은 자들이 **하나님** 안에서 웃고 춤추며,
밑바닥 인생이던 자들이 '이스라엘의 거룩하신 분'을 소리쳐
찬양하리라.

이제 거리에서 깡패들이 사라졌기 때문이다.
냉소와 조롱을 일삼던 자들도 멸종되리라.
기회만 있으면 사람을 해코지하고 우롱하던 자들,
이름조차 기억되지 않으리라.
법정을 더럽힌 자들,
가난한 이들에게 사기 친 자들,
죄 없는 이들에게 죄를 뒤집어씌운 자들, 모두 사라지리라.

22-24 이것은 야곱 가문을 향한 **하나님**의 **메시지**다.
아브라함을 속량하신 바로 그 **하나님**께서 말씀하신다.
"야곱이 수치 가운데 고개를 숙이고,
기다림에 지쳐 수척해지고 창백해지는 일은 더 이상 없을
것이다.
이제 그가 자손을 보게 될 것이기 때문이다.
내가 그에게 많은 자녀들을 선물로 줄 것이다.
그리고 그 자손들은,
거룩한 삶을 살면서 나를 높일 것이다.
거룩한 예배로 야곱의 거룩한 분을 높이고,
이스라엘의 하나님을 경외하며 섬길 것이다.
방황하던 자들이 다시 제정신을 차리고,
불평하고 투덜대던 자들이 감사를 배우게 될 것이다."

반역하는 자들에 대한 경고

30

¹⁻⁵ "반역하는 자녀들아, 화가 있으리라!"
하나님의 포고다.

"너희가 세우는 계획, 나와 상관없다.
너희가 하는 거래, 내 뜻과 무관하다.
너희는 그저 죄에 죄를 더하며,
계속 높이 쌓아 갈 뿐이다.
내게는 묻지도 않고
이집트로 도망쳐 내려가서,
바로에게 보호를 요청할 생각을 한다.
이집트가 피난처가 되어 주리라 기대한다.
글쎄, 바로가 잘도 보호해 주겠구나!
이집트가 잘도 피난처가 되어 주겠구나!
북쪽으로 소안까지, 남쪽으로 하네스까지
전략적으로 관료들을 배치해 놓은 그들,
대단해 보이는 것이 사실이다.
그러나 사실 그들은 아무것도 아니다.
어리석게도 그들을 믿는 자,
결국 자신의 어리석음만 드러낼 뿐이다.
그들은 겉만 번지르르하고 속은 텅 빈,
깡통일 뿐이다."

⁶⁻⁷ 이집트로 내려가는 길에서 만나게 될

네겝의 짐승들에 대한 말씀이다.
사자와 독사가 도사리고 있는
위험천만한 길인데도,
너희는 그리로 가려고 한다. 너희 소유 전부를 질질 끌고서,
나귀와 낙타에 뇌물을 잔뜩 짊어지운 채.
아니, 빈 깡통에 불과한 나라에게서
무슨 보호를 구하겠다는 것이냐?
이집트는 겉은 번지르르하나 속은 텅 비었다.
나는 그녀를 '이빨 빠진 용'이라 부른다.

8-11 그러니, 이제 가서 이 사실을 전부 기록하여라.
책에 적어 두어
그것을 보고,
오는 세대들이 교훈을 얻게 하여라.
지금 이 세대는 반역자 세대,
거짓을 일삼는 백성이다.
하나님께서 하시는 말씀은 한 마디도
귀 기울여 듣지 않는다.
그들은 영적 지도자들에게 말한다.
"제발, 이제 현실과 동떨어진 이야기는 그만하시오."
그들은 설교자들에게 말한다.
"그런 실용성 없는 이야기는 집어치우세요. 다 시간 낭비일
뿐입니다.

기분 좋아지는 이야기나 해주시지요.
구식 종교 이야기는 따분하단 말입니다.
우리에게는 전혀 와 닿지 않으니.
'이스라엘의 거룩하신 분' 이야기는 이제 집어치우세요. 듣
기 곤혹스럽네요."

12-14 그래서다. '이스라엘의 거룩하신 분'께서 말씀하신다.
"너희가 그처럼 이 **메시지**를 업신여기고
불의에 기댄 삶,
거짓에 기초한 삶을 선호한다면,
너희의 어그러진 삶은
부실공사로 높이 세운 벽과 같이
서서히 기울고 변형되다가,
어느 날 손쓸 겨를도 없이 무너져 내릴 것이다.
옹기그릇이 부서지듯 산산조각 나서,
알아볼 수도, 수리할 수도 없는 부스러기 더미가 되고 말 것
이다.
아무짝에도 쓸모없어,
빗자루에 쓸려 쓰레기통에 던져질 것이다."

포기하지 않으시는 하나님
15-17 '이스라엘의 거룩하신 분', 주 **하나님**께서
엄숙히 조언하신다.

"구원을 얻고자 하면, 내게 돌아와야 한다.
자기 힘으로 구원을 도모하는 어리석은 노력을 그쳐야 한다.
너희 힘은, 잠잠히 자신을 가라앉히고
온전히 나를 의지하는 데 있다.
그러나 너희는 지금껏
그렇게 하기를 거부해 왔다.
너희는 말했다. '아무것도 하지 않겠습니다! 우리는 말을 타고 날래게 도망갈 겁니다!'
그래, 날래게 도망갈 것이다! 그리 멀리 가지는 못하겠지만!
너희는 말했다. '우리는 빠른 말을 타고 갈 겁니다!'
너희 생각에, 너희를 추격하는 자들은 늙은 말을 타고 올 것 같으냐?
아서라. 공격자 한 명 앞에서 너희 천 명이 뿔뿔이 흩어질 것이다.
적군 다섯 앞에서 너희 전부가 줄행랑을 놓을 것이다.
너희는 모든 것을 잃을 것이다.
언덕 위의, 깃발 잃은 깃대,
길가의, 표지가 찢겨 나간 표지판 같을 것이다."

¹⁸ 그러나 **하나님**께서는 포기하지 않으셨다. 너희에게 은혜를 베푸시려고 기다리며 준비하고 계신다.
너희에게 자비를 보이시려고 힘을 비축하고 계신다.
때가 되면 **하나님**께서 전부를 바로잡으실 것이다. 그렇다,

전부를.
그분을 기다리며 준비하는 자들은 행운아들이다.

19-22 오, 그렇다. 시온의 백성들아, 예루살렘 시민들아, 너희
눈물의 시간이 끝났다. 이제 도움을 구하며 부르짖어라. 은
혜를 얻을 것이다. 풍성히 얻을 것이다. 그분께서 듣자마자
응답해 주실 것이다. 고난의 시기에 너희를 지켜 주신 것처
럼, 너의 스승을 지켜 주셔서 네 가운데 있게 하실 것이다.
너의 스승은 네 가까이서 본연의 일을 하여, 네가 좌로나 우
로 치우칠 때 "옳은 길은 이쪽이다. 이 길로 가라"고 말하
며, 바로잡아 줄 것이다. 너는 값비싼 최신 우상들을 다 찢
어발길 것이다. 전부 쓰레기통에 처넣으며 "속 시원하다!"
하고 말할 것이다.

23-26 네가 씨를 뿌리면 하나님께서 비를 내려 주실 것이다. 너
의 곡물은 왕성하게 자라고, 너의 가축 떼는 들판을 뒤덮을 것
이다. 전쟁과 지진은 잊혀진 과거사가 될 것이요, 짐을 운반하
고 땅을 가는 너의 소와 나귀들은 산과 언덕에서 콸콸 쏟아지
는 시내 옆에서 배불리 꼴을 먹을 것이다. 더욱이, 그날 하나
님께서는 징벌의 시간에 그분의 백성이 받은 상처를 친히 치
료해 주실 것이며, 달빛은 태양빛처럼 빛나고, 태양빛은 일주
일치 햇빛이 한꺼번에 쏟아지듯, 온 땅에 가득하리라.

27-28 보아라. 저 멀리
하나님께서 오고 계신다!
그분의 모습이 보인다.
불타는 진노로 어마어마한 연기를 내뿜으신다.
그분의 입에서 말씀이 흘러나온다.
태우고 고발하는 말씀이다!
급류와 홍수 같은 말씀으로,
그분이 모든 사람을 말씀의 소용돌이 속으로 휩쓸어 가신다.
파멸의 체로 민족들을 흔드시고,
막다른 골목으로 그들을 몰고 가실 것이다.

29-33 그러나 너희는 노래하리라.
밤새 거룩한 축제일을 지키며 노래하리라!
너희 마음속에서 노래가 터져 나오리라.
하나님의 산으로 향할 때,
'이스라엘의 반석'께 행진하며 나아갈 때 부는
피리소리 같은 음악이 흘러나오리라.
하나님께서 장엄한 천둥으로 외치시고,
내리치시는 팔을 나타내 보이시리라.
불같은 진노의 화염이 소나기처럼 쏟아지리라.
홍수가, 폭풍이, 우박이 있으리라!
그렇다. **하나님**의 천둥, 그 곤봉을 맞고
앗시리아가 몸을 움츠릴 것이다.

하나님께서 소고와 수금소리에 맞추어,
곤봉을 내리치실 것이다.
두 주먹을 불끈 쥐시고
그들과 전면전을 벌이실 것이다.
도벳의 맹렬한 불,
앗시리아 왕을 위해 준비된 불이다.
도벳의 널따랗고 깊은 화로,
잘 타는 땔감들로 빼곡히 채워져 있다.
하나님이 내쉬는 숨이, 마치 유황불 강처럼 흘러들어가,
불을 붙인다.

31 ¹⁻³ 군마의 힘을 믿고
병력 수를 의지하고
전차와 기병 수에 자신만만하여,
이집트로 내달리는 자들에게 화가 있으리라.
그들은 '이스라엘의 거룩하신 분'에게 눈길 한번 주지 않는다.
하나님께 기도 한번 하지 않는다.
그러나 그분은, 절대 무시해서는 안될 분,
무엇을 해야 할지를 잘 아시는, 한없이 지혜로우신 하나님
이다.
그분은 재앙을 자유자재로 내리시고,
말씀하신 바를 행하시는 하나님이다.

잘못을 행하는 자들을 막으시고,

당신의 일을 방해하는 행악자들을 치시는 분이다.

이집트 사람들은 죽을 인생들일 뿐, 하나님이 아니다.

그들의 군마는 고깃덩어리일 뿐, 영이 아니다.

하나님께서 신호를 내리시면, 돕는 자나 도움을 받는 자나

매한가지로 땅에 쓰러져 흙으로 덮일 뿐이다.

4-5 **하나님**께서 내게 이렇게 말씀하셨다.

"먹이를 잡아 물어뜯고 있는 사자,

목자들이 몰려와 쫓아내려고 해도

조금도 당황하지 않는

그 짐승의 왕처럼,

그렇게 만군의 **하나님**이 내려와

시온 산에서 싸움을, 그 언덕에서 전쟁을 벌일 것이다.

공중을 맴도는 거대한 독수리처럼,

만군의 **하나님**이 예루살렘을 보호해 줄 것이다.

내가 보호하고 건져 줄 것이다.

그렇다. 내가 맴돌아 감싸고 구해 줄 것이다."

6-7 사랑하는 이스라엘아, 회개하여라. 너희가 무참하게 버린 분께 다시 돌아오너라. 너희가 돌아오는 날, 너희 죄악된

손이 금속과 나무로 만든 우상들을 모조리 내던져 버릴 것
이다. 한 사람도 빠짐없이 그러하리라.

8-9 "앗시리아 사람들이, 쓰러져 죽을 것이다.
칼에 찔려 죽겠지만, 병사가 찌르는 칼이 아니다.
칼을 맞아 쓰러지겠지만, 죽을 인생이 휘두르는 칼이 아니다.
앗시리아 사람들이 그 칼을 피해 도망치고,
그 장정들은 종이 될 것이다.
바위처럼 강했던 백성이 공포에 질려 산산조각 나고,
지도자들도 미친 듯이 도망쳐 뿔뿔이 흩어질 것이다."
앗시리아에 대한 하나님의 포고다.
그분의 불이 시온에서 타오르며,
그분의 화로가 예루살렘에서 뜨겁게 달아오른다.

의로운 통치를 펼치실 왕

32
1-8 그러나 보아라! 한 왕이 의로운 통치를 펼치고,
그의 신하들이 정의를 수행하리라.
한 사람 한 사람 모두, 거센 바람을 막아 주는 피난처,
폭풍우를 피할 은신처가 되어 줄 것이다.
한 사람 한 사람 모두, 바싹 마른 땅을 적셔 주는 시원한 물
줄기,
사막에서 그늘을 드리우는 커다란 바윗돌이 될 것이다.
눈을 드는 자 누구나 보게 되고,

귀를 기울이는 자 누구나 듣게 되리라.
충동적이던 자들이 바른 판단을 내리고,
혀가 굳었던 자들이 유창한 언변을 구사하게 되리라.
더 이상 어리석은 자가 유명인사가 되는 일은 없으며,
간교한 자가 명성을 얻는 일도 없을 것이다.
해코지하는 일에 아무리 뛰어나도,
그는 어리석은 자일 뿐이다.
많은 이들의 인생을 망치고
하나님에 대해 거짓말을 늘어놓는 그들,
집 없이 굶주린 이들에게 등을 돌리고
거리에서 목말라 죽어 가는 이들을 외면한다.
간교한 자요, 음험한 도둑이다.
죄와 부끄러운 짓에 재간이 있는 그들,
사기와 거짓말로 가난한 이들을 착취하고
짓밟힌 가난한 이들의 호소를 외면한다.
그러나 고귀한 이들은 고귀한 계획을 세우며,
고귀한 일을 위해 일어선다.

❧

9-14 나태한 여인들아, 일어나라!
내 말에 귀 기울여라!
나태하기 짝이 없는 여인들아,
이제부터 내가 하는 말을 귀담아들어라.

앞으로 일 년이 조금 지나면,
더 이상 나태하게 지낼 수 없는 날이 닥칠 것이다.
포도농사가 망하고,
나무에 열매가 맺히지 않을 것이다.
너희 나태한 여인들아, 몸을 떨어라.
너희 철없는 여인들아, 사태의 심각성을 깨달아라!
너희 비싼 옷과 장신구들을 다 벗어 던져라.
상복을 꺼내 입어라.
망한 밭농사와 포도농사를 보며
정직한 눈물을 흘려라.
엉겅퀴와 가시덤불밖에 자라지 않는
내 백성의 동산과 농장들을 보며, 눈물을 흘려라.
울어라. 진정으로 울어라. 행복했던 가정들이 더는 행복하
지 않고,
즐거웠던 성읍들이 더는 즐겁지 않으리라.
왕궁은 폐가가 되고,
붐비던 성읍은 무덤처럼 고요하며,
들짐승들이
텅 빈 동산과 공원들을 차지해,
제집처럼 뛰어다닌다.

15-20 그렇다, 눈물을 흘리며 슬피 울어라.
위로부터 그 영이 우리에게 부어져,

황무하던 곳이 비옥해지고
비옥한 땅이 숲이 될 때까지, 슬피 울어라.
황무하던 곳에 정의가 들어와 살고,
비옥해진 땅에 의가 머물며 살 것이다.
의가 있는 곳에 평화가 있고,
의가 맺는 열매는 평온한 삶과 다함없는 신뢰다.
나의 백성은 안전한 집과 평온한 동산에서
평화롭게 살 것이다.
너희가 자랑하던 숲은 다 베어질 것이고,
너희 힘을 과시하던 도성은 초토화될 것이다.
그러나 너희는 물이 넉넉한 밭과 동산을 일구고,
가축들을 자유롭게 풀어 기르며,
복된 삶을 누릴 것이다.

고통 중에 도움을 구하는 기도

33

¹ 파괴당한 적 없는 파괴자여,
네게 화가 있으리라.
배반당한 적 없는 배반자여,
네게 화가 있으리라.
너의 파괴하는 일이 끝나면,
네 차례가 될 것이다. 네가 파괴당할 것이다!
너의 배반하는 일이 끝나면,
네 차례가 될 것이다. 네가 배반당할 것이다!

²⁻⁴ **하나님**, 우리를 자애롭게 대해 주십시오. 주님은 우리의
유일한 희망이십니다.
아침이 되면 가장 먼저, 우리를 위해 오십시오!
어려움이 닥치면, 곧장 우리를 도와주십시오!
주께서 천둥 속에서 말씀하시자, 모두가 달아났습니다.
주께서 모습을 나타내시자, 민족들이 흩어졌습니다.
주의 백성이 기분전환을 위해 밖으로 나갔다가,
적들이 두고 간 물품을 거둬들이니 들판이 말끔해집니다.

⁵⁻⁶ **하나님**께서 더없이 높임을 받으셨다. 그분의 처소가 든
든히 섰다.
시온에 정의와 의가 차고 넘친다.
하나님께서 너의 시대를 안정되고 견고하게 지키신다.
구원과 지혜와 지식이 흘러넘친다.
시온의 가장 귀중한 보배는, 바로 '**하나님**을 경외하는 것'이다.

⁷⁻⁹ 그러나 보아라! 들어라!
억센 남자들이 대놓고 운다.
협상을 벌이던 외교관들이 비통의 눈물을 흘린다.
도로가 텅 비었다.
거리에 다니는 사람 하나 없다.
평화조약이 깨어지고,
그 규정들이 무시되고,

거기에 서명한 자들은 욕설을 듣는다.
우리가 발 딛고 선 땅이 애곡하며,
레바논의 산들이 고개를 숙인다.
꽃이 만발하던 샤론이 잡초로 뒤덮인 도랑이 되었다.
바산과 갈멜의 숲에는 잎이 모조리 떨어진 가지뿐이다.

10-12 "이제 내가 나설 것이다." **하나님**께서 말씀하신다.
"지금부터는 내가 맡을 것이다.
내가 링에 올랐다. 내 주먹맛을 보아라.
너희에게는 아무것도 없다.
겨를 잉태하여 지푸라기를 낳을 뿐이다.
허풍으로 배불리다가 자멸할 뿐이다.
너희는 비료나 연료로밖에는 아무짝에도 쓸모없다.
흙이니 흙으로 돌아갈 뿐, 그 시기는 **빠를수록 좋다.**

13-14 먼 곳에 살고 있다면,
내가 한 일을 전해 들어라.
가까이 살고 있다면,
내가 한 일을 주목해 보아라.
시온의 죄인들이 겁에 질려 있다. 당연하다.
사악한 자들, 어찌할 바를 몰라 허둥댄다.
'누가 이 불폭풍에서 살아남을 수 있으랴?
누가 이 대숙청을 모면할 수 있으랴?' 하고 묻는다."

15-16 답은 간단하다.
의롭게 살면서
진실을 말하며,
사람을 착취하는 일을 혐오하고
뇌물을 거절하여라.
폭력을 거부하고
악한 유흥을 피하여라.
이것이 너의 삶의 질을 높이는 길이다!
안전하고 안정된 삶을 사는 길,
넉넉하고 만족스러운 삶을 사는 길이다.

결정권자는 하나님이시다

17-19 오, 네가 왕을 뵙게 되리라. 그 장엄한 모습을 보게 되
리라!
드넓은 영토를 조망하리라.
마음속으로 옛적 두려움을 떠올리며 말하리라.
"우리에게 형을 선고하고 재산을 몰수하던
그 앗시리아 조사관은 지금 어떻게 되었지?
우리에게 세금을 부과하던 그 자는?
그 사기꾼 환전상은 어떻게 되었지?"
사라졌다! 눈앞에서 영원히! 그들의 오만,
이제 바닥에 남은 빛바랜 오물자국일 뿐이다!
이제 더 이상 알 수 없는 외국어를 들으며 살 필요가 없다.

알 수 없는 소리를 더 이상 들을 필요가 없다.

20-22 시온만 바라보면 된다. 보겠느냐?
예배가 축제로 변하는 그곳!
예루살렘으로 너의 눈을 호강시켜 주어라.
평온하고 영원한 거처,
더는 말뚝을 옮기며 다닐 필요가 없고,
더는 헝겊을 기워 만든 천막에서 살 필요가 없다.
장엄하신 **하나님**께서 친히,
우리의 처소가 되어 주신다.
넓은 강과 시내가 흐르는 그 나라,
침입하는 배와 약탈하는 해적을 강이 막아 준다.
그 나라에서는 **하나님**이 결정권자이시고, **하나님**이 우리의
왕이시기 때문이다.
하나님이 다스리시며 우리를 안전히 지켜 주신다.

23 아! 너의 돛들이 갈기갈기 찢기고
돛대는 흔들거리며,
선착장에서는 물이 샌다.
전리품은 누구든 마음껏 가져간다. 누구나 자유롭게.
힘이 약한 자도 힘이 센 자도, 내부인도 외부인도.

24 시온에서는 누구도 "아프다"고 말할 자 없으리라.

무엇보다도, 그들은 모두 죄를 용서받고 살 것이다.

민족들에 대한 심판

34

¹ 민족들아, 가까이 다가오너라.
백성들아, 잘 들어라. 주목하여라!
땅아, 너도 들어라. 네 안에 있는 모든 것도 함께.
세상아, 너도 들어라. 네게서 나는 모든 것도 함께.

²⁻⁴ 이유는 이렇다. **하나님**께서 노하셨다.
모든 민족에게 진노하셨다.
그들의 무기와 군대에 불같이 노하셔서,
이제 그들을 땅에서 쓸어 없애 버리실 참이다.
산처럼 쌓인 시체들은
한여름 도시 쓰레기 더미처럼 썩은내를 풍기고,
산에서 흘러 내려오는 그들의 피가
봄날 눈 녹은 물처럼 시내를 이룬다.
너무 익어 떨어져 썩은 과일처럼,
별들이 하늘에서 떨어진다.
하늘이 담요처럼 둘둘 말려
벽장에 처박힌다.
별들의 군대가 모두 오그라져,
가을날 잎과 열매처럼 땅에 떨어져 썩는다!

5-7 "땅과 하늘에 대한 일을 마치고 나면,

나는 에돔을 손볼 것이다.

에돔, 내가 완전히 멸망시키기로 작정한 그 민족을

짓누를 것이다."

하나님의 칼이 피에 주렸다.

살진 고깃덩어리에,

어린양과 염소 피에,

숫양의 기름진 콩팥에 주렸다.

그렇다. **하나님**께서 수도 보스라에서, 희생 제사를 벌이기

로 작정하셨다.

에돔 전 지역을 도살장으로 만드실 것이다.

대대적인 도살이다. 들짐승도

가축도 매한가지로 도살된다.

나라 전체가 피에 절여지고,

온 땅에 기름이 흐를 것이다.

8-15 이는 **하나님**께서 정하신 보복의 때,

시온의 원한을 갚아 주시는 해다.

에돔의 강은 오염물질로 뒤덮여 제대로 흐르지 못할 것이요,

땅도 폐기물의 독이 쌓여 척박해지리라.

나라 전체가

연기와 냄새가 진동하는 쓰레기 더미가 될 것이다.

불이 밤낮으로 타오르고,

그 끝없는 연기로 하늘마저 검게 변할 것이다.

여러 세대가 지나도 여전히 황폐한 곳으로 남을 것이다.

더는 그 나라를 여행할 사람이 없으리라!

독수리와 스컹크들이 휘젓고 다니고,

부엉이와 까마귀들이 거기에 거처를 잡을 것이다.

하나님께서 그 지으신 것들을 뒤집으시니, '혼돈'으로 되돌아가리라!

그분이 다산의 복을 거두시리니, '공허'로 되돌아가리라!

백성을 이끌 지도자 하나 없으리라.

그래서 '나라 아닌 곳'이라 불릴 것이다.

왕과 제후들이 할 일 하나 없는

그런 나라가 될 것이다.

엉겅퀴가 득세하여 성들을 뒤덮을 것이며,

잡초와 가시덤불이 숲을 장악할 것이다.

들개들이 그 폐허를 배회하고,

타조들이 그곳을 주름잡을 것이다.

들고양이와 하이에나들이 함께 어울려 사냥하고,

귀신과 마귀들이 밤새 춤판을 벌일 것이다.

사악하고 게걸스런 밤귀신 릴리스가,

거기 자리 잡고 살 것이다.

썩은 고기를 뜯어 먹는 새들이 새끼를 치는 곳,

불길한 악이 횡행하는 곳이 될 것이다.

16-17 **하나님의 책을 구해 읽어 보아라.**
새끼 치는 이 악은,
그 어느 것 하나 그냥 사라지지 않는다.
그 모두는 **하나님**께서 친히 명령하신 바다.
그분의 영이 그것을 움직여 활동하게 하셨다.
하나님께서 그들이 있을 곳을 지정하시고,
그들의 운명을 세세히 정해 주셨다.
이는 영원히 지속될 일이다.
세대가 지나고 또 지나도, 계속 반복될 일이다.

거룩한 길

35 1-2 광야와 사막이 즐거이 노래하고,
불모였던 땅이 기뻐하며 꽃을 피우리라.
봄꽃이 만발하는 듯하니,
노래와 빛깔의 합주로다.
레바논의 걸출한 영광,
눈부신 갈멜, 황홀한 샤론을 선물로 주셨도다.
찬란하게 빛나는 **하나님**의 영광,
눈부신 위엄과 장엄이 충만하게 나타나는도다.

3-4 맥 풀린 손에 힘을 불어넣고,
약해진 무릎에 힘을 돋우어라.
두려워하는 자들에게 전하여라.

"용기를 가져라! 기운을 내라!
하나님께서 오고 계신다.
모든 것을 바로 세우시려고,
모든 잘못된 것을 바로잡으시려고, 여기로 오고 계신다.
그분께서 오고 계신다! 너희를 구원하시려!"

5-7 보지 못하던 눈이 열리고,
듣지 못하던 귀가 들을 것이다.
절던 자들이 사슴처럼 뛰고,
목소리 잃었던 자들이 소리 높여 노래할 것이다.
광야에 샘물이 터지고,
사막에 시냇물이 흐를 것이다.
뜨거운 모래밭이 시원한 오아시스로 변하고,
바싹 말랐던 땅에 물이 흘러넘칠 것이다.
비천한 승냥이도 마음껏 물을 마시고,
불모였던 땅에 초목이 무성해질 것이다.

8-10 큰길이 열릴 것이다.
야만스러운 자, 반역하는 자는
'거룩한 길'이라 불리는
그 길에 들어가지 못한다.
오직 **하나님**의 백성을 위한 길,
바보라도 길 잃어버릴 염려 없고

사자나 위험한 들짐승이 없으며,

어떤 위험이나 위협도 없는 길.

오직 속량받은 사람만이 그 길을 걷게 되리라.

하나님께서 몸값을 치러 주신 백성,

그 길을 걸어 돌아올 것이다.

사라지지 않는 후광, 그 기쁨을 두르고서

노래하며 시온으로 돌아올 것이다.

고향은 기쁨과 즐거움을 선사하며 그들을 환영하고,

모든 슬픔과 한숨은 뒷걸음쳐 사라질 것이다.

산헤립이 예루살렘을 공격하다

36 1-3 히스기야 왕 십사년에, 앗시리아 왕 산헤립이 유다의 모든 요새 성읍을 공격하여 점령했다. 앗시리아 왕은 랍사게라 불리는 부하 장군에게 큰 군대를 주고, 라기스에서 예루살렘의 히스기야 왕에게 보냈다. 그 장군은 공중 빨래터로 가는 길가 윗저수지 수로까지 와서 걸음을 멈추었다. 그를 맞으러 세 사람이 나왔는데, 그들은 왕궁을 책임지고 있는 힐기야의 아들 엘리아김과 서기관 셉나와 궁중 사관 아삽의 아들 요아였다.

4-7 랍사게가 그들에게 말했다. "히스기야에게 가서 위대한 앗시리아 왕의 말씀을 전하여라. '너는 대체 뭘 믿고 나와 맞서는 것이냐? 너의 행동은 허세일 뿐이다. 고작 말 몇 마디로 내 무기를 상대하겠다는 것이냐? 대체 뭘 믿고 나

에게 맞서 반항하느냐? 이집트를 믿는 것이냐? 웃기지 마라. 이집트는 고무지팡이다. 이집트에 기대어 보아라. 앞으로 푹 고꾸라지고 말 것이다. 이집트 왕 바로에게 기대는 자는 다 그렇게 될 것이다. 혹 "우리는 우리 **하나님**을 의지한다"고 말할 참이라면, 너무 늦지 않았느냐? 히스기야는 "누구나 이 제단에서만 예배해야 한다"며 다른 예배처들을 모조리 없애 버리지 않았더냐?'

8-9 이치에 맞게 생각하라. 현실을 직시하여라. 내 주인, 앗시리아 왕께서 네게 말 이천 마리를 내주신다 한들, 네게 그 말들에 태울 기병이나 있느냐? 없지 않느냐! 형편없는 이집트 전차와 기병들이나 의지하는 네가, 내 주인의 최하급 지휘관인들 상대할 수 있을 것 같으냐?

10 게다가, 너희는 내가 **하나님**의 축복도 없이 이 땅을 멸하러 이렇게 먼 길을 왔으리라 생각하느냐? 다름 아닌 너희 **하나님**께서 내게 이 땅과 전쟁을 벌여 멸하라고 말씀하셨다."

11 엘리아김과 셉나와 요아가 랍사게에게 대답했다. "우리가 아람 말을 알아들으니, 제발 아람 말로 말씀해 주십시오. 말소리가 들릴 만큼 가까운 곳까지 백성이 나와서 듣고 있으니, 히브리 말로 말하지 말아 주십시오."

12 그러자 랍사게가 대답했다. "내 주인께서 너희 주인과 너희에게만 이 메시지를 전하라고 나를 보냈다고 생각하느냐? 지금 목숨이 위태로운 쪽은 바로 저들이다. 머지않아 자기 똥을 먹고 자기 오줌을 마시게 될 저들 말이다."

13-15 그러더니 랍사게가 일어나, 모두가 알아들을 수 있는 히브리 말로 크게 외쳐 말했다. "위대한 앗시리아 왕의 메시지를 들어라! 히스기야의 거짓말을 듣지 마라. 그는 '**하나님**께서 우리를 구원하실 것이다. 그분을 의지하여라. **하나님**께서는 결코 앗시리아 왕이 이 성읍을 멸하도록 놔두시지 않을 것이다'라고 설교조로 말하지만, 그의 말에 귀 기울이지 마라. 그는 너희를 구원할 수 없다.

16-20 히스기야의 말을 듣지 말고 앗시리아 왕의 제안을 들어라. '나와 평화조약을 맺자. 와서 내 편이 되어라. 그러면 너희 모두 넓은 땅과 풍부한 물을 제공받고 잘살게 될 것이다. 살림살이가 훨씬 나아질 것이다. 나는 너희를 광활한 장소에 풀어 줄 것이고, 너희 모두는 비옥하고 기름진 땅을 넘치도록 받을 것이다.' 히스기야의 거짓말을 믿고 오판하지 않도록 하여라. '**하나님**께서 우리를 구원하실 것이다'라고 하는데, 과연 그런 적이 있었느냐? 역사상 앗시리아 왕과 싸워 이긴 신이 있었더냐? 주위를 둘러보아라. 하맛과 아르밧의 신들은 어디 있느냐? 스발와임의 신들은 어디 있느냐? 신들이 사마리아를 위해 무엇을 했더냐? 내 손에서 자기 나라를 구한 신이 하나라도 있으면 어디 이름을 대보아라. 그런데 어찌하여 너희는 **하나님**이 내 손에서 예루살렘을 구원할 수 있으리라고 생각하느냐?'"

21 그 세 사람은 침묵했다. 왕이 이미 "그에게 아무 대답도 하지 말라"고 명령했기 때문에 아무 말도 하지 않았다.

²² 왕궁 관리 힐기야의 아들 엘리아김과 서기관 셉나와 궁중 사관 아삽의 아들 요아는 절망하여 옷을 찢고 돌아가서, 랍사게의 말을 히스기야에게 보고했다.

히스기야가 이사야에게 묻다

37 ¹⁻² 이 보고를 들은 히스기야 왕도, 옷을 찢고 회개의 굵은 마대 베옷을 입고서 **하나님**의 성소에 들어갔다. 그러고는 왕궁 관리 엘리아김과 서기관 셉나와 원로 제사장들을 아모스의 아들 예언자 이사야에게 보냈는데, 그들도 모두 회개의 베옷을 입었다.

³⁻⁴ 그들이 이사야에게 말했다. "히스기야 왕의 말씀입니다. '오늘은 참담한 날입니다. 위기가 닥쳤습니다. 지금 우리는, 아기 낳을 때가 되었는데 출산할 힘이 없는 여인 같습니다! 당신의 **하나님**께서는 랍사게가 한 말을 들으셨겠지요? 살아 계신 하나님을 모독하려고 앗시리아 왕이 보낸 그 자의 말 말입니다. 당신의 **하나님**께서는 결코 가만있지 않으시겠지요? 이사야여, 우리를 위해 기도해 주십시오. 이곳에 남아, 요새를 지키고 있는 우리를 위해 기도해 주십시오!'"

⁵⁻⁷ 그때 히스기야 왕의 신하들이 이사야에게 와서 이렇게 말하니, 이사야가 대답했다. "당신들의 주인에게 이렇게 전하십시오. '**하나님**의 메시지다. 네가 들은 말, 앗시리아 왕의 종들이 나를 조롱하며 했던 그 말에 동요할 것 없다. 내가 친히 그를 처리할 것이다. 그가 나쁜 소식을 듣고 그 일

을 처리하러 자기 나라로 황급히 돌아가게 만들 것이다. 그는 거기서 살해될 것이다. 비명횡사할 것이다.'"

❧

⁸ 랍사게가 떠나, 립나와 전쟁하고 있는 앗시리아 왕에게 갔다. (왕이 라기스를 떠났다는 소식을 들었기 때문이다.)

⁹⁻¹³ 바로 그때, 앗시리아 왕이 에티오피아 왕 디르하가가 자신을 치러 진군해 오고 있다는 첩보를 듣게 되었다.

그는 즉시 히스기야에게 사신들을 보내어 이런 메시지를 전하게 했다. "너는 순진하게 믿는다만, 네 하나님에게 속지 마라. 예루살렘은 앗시리아 왕에게 무너지지 않을 것이라는 거짓 약속에 휘둘리지 마라. 머리를 좀 굴려 보아라! 앗시리아 왕이 모든 나라에게 한 일을 둘러보란 말이다. 하나씩 줄줄이 짓밟히고 말았다! 그런데 너라고 피할 수 있을 것 같으냐? 그 나라들, 내 선왕들이 멸망시킨 나라들—고산, 하란, 레셉, 들라살에 있는 에덴 민족—중에 대체 어느 나라, 어느 신이 자기 백성을 구했단 말이냐? 주위를 둘러보아라. 하맛 왕, 아르밧 왕, 스발와임 성읍의 왕, 헤나 왕, 이와 왕, 그들은 지금 모두 어디에 있느냐?"

¹⁴ 히스기야가 사신들에게서 편지를 받아 읽었다. 그러고는 **하나님**의 성소에 들어가 **하나님** 앞에 편지를 펼쳐 놓았다.

¹⁵⁻²⁰ 히스기야가 **하나님**께 기도했다. "그룹 천사들 위에 앉아 계신 만군의 **하나님**, 주님은 하나님, 오직 한분이신 하나

님, 세상 모든 나라를 다스리시는 하나님이십니다. 주님은
하늘과 땅을 지으신 분입니다. 오 **하나님**, 귀 기울여 들어
주십시오. 오 **하나님**, 눈여겨보십시오. 산혜립이 보내온 저
말, 살아 계신 하나님을 모욕하는 저 말을 들어 보십시오.
오 **하나님**, 과연 그의 말대로 앗시리아 왕들은 모든 나라,
모든 강토를 초토화시켰습니다. 그 나라의 신들을 쓰레기통
에 처넣고 불살랐습니다. 하지만 대단한 업적이 못되는 것
은, 본래 그것들은 신이 아니기 때문입니다. 모두 작업장에
서 만들어진 신, 나무를 자르거나 돌을 조각해 만든 신들에
불과하기 때문입니다. 신이 아닌 것들이 최후를 맞은 것일
뿐입니다! 그러니 **하나님**, 오, 우리 하나님, 속히 나서 주십
시오. 그의 손에서 우리를 구원해 주십시오. 그리하여 땅 위
의 모든 나라가 주께서, 오직 주님만이 **하나님**이신 것을 알
게 해주십시오.”

❧

²¹⁻²⁵ 그때 아모스의 아들 이사야가 히스기야에게 사람을 보
내어 말을 전했습니다. “**하나님** 이스라엘의 하나님의 **메시지**입
니다. ‘네가 앗시리아 왕 산혜립의 일로 내게 기도했으니,
나 **하나님**이 너에게 대답한다.

산혜립아, 처녀 딸 시온에게
너 따위는 안중에도 없다. 그저 멸시뿐이다.

딸 예루살렘은
네게 침을 뱉고 홱 가버린다.

너는, 여러 해에 걸쳐
네가 누구를 조롱하고 욕했는지 아느냐?
여러 해에 걸쳐
누구를 우습게 여기고
모욕했는지 아느냐?
바로, "이스라엘의 거룩한 이"다!
너는 네 종들을 통해 주를 조롱했다.
그리고 자랑했다. "나는 전차부대로
가장 높은 산꼭대기까지 올라갔고,
레바논의 가장 깊은 곳까지 들어가,
그 거대한 백향목들,
그 멋진 잣나무들을 다 베어 넘어뜨렸다.
나는 산 위 가장 높은 곳을 정복했고,
숲 속 가장 깊은 곳을 탐험했다.
나는 우물을 파서
실컷 마셨다.
내가 발로 한번 걷어차자,
이집트의 유명한 강들이 모두 말라 버렸다."

²⁶⁻²⁷ 너는 듣지 못했느냐?

그 모든 일 뒤에 내가 있었다는 소식을?
이는 오래전부터 내가 세운 계획이었고
이제 실행에 옮기고 있는 것뿐이다.
나는 너를 도구로 사용해서,
강력했던 성읍들을 무너뜨려 잔해 더미로 만들었고,
그곳의 주민들을 절망과
당혹과 혼란 속에 빠뜨려서,
그들을 가뭄 만난 식물처럼 축 처지게,
시든 묘목처럼 지지러지게 만들었다.

28-29 나는 우쭐대는 네 허세와
왔다갔다 하며 네가 벌이는 일들과,
나에 대해 갖고 있는 불끈하는 네 마음을 잘 알고 있다.
나에 대한 너의 사나운 분노,
계속해서 내 귀에 들리는 너의 날뛰는 그 오만 때문에,
내가 네 코에 갈고리를 꿰고,
네 입에 재갈을 물릴 참이다.
누가 주인인지 네게 보여주겠다. 내가 너를
네가 왔던 곳으로 되돌려 보낼 것이다.

30-32 그리고 히스기야야, 이것은 네게 주는 확실한 표징이
다. 올해의 수확은 땅에 떨어진 것들이나 줍는 정도로 보잘
것없고, 내년도 별로 다르지 않을 것이다. 그러나 삼 년째가

되면 씨 뿌려 거두고, 파종하고 추수하는 농사일이 정상을
되찾을 것이다. 유다의 남은 백성이 뿌리를 내려 새 출발할
것이다. 예루살렘에 남은 백성이 다시 움직일 것이다. 시온
산의 살아남은 자들이 다시 일어설 것이다. 만군의 **하나님**
의 열심이 이 모든 일을 이룰 것이다.'"

33-35 "마지막으로, 앗시리아 왕에 대한 **하나님**의 말씀입니다.

'걱정할 것 없다. 그는 이 성에 들어오지 못하고,
이리로 화살 하나도 쏘지 못할 것이다.
공격축대를 쌓기는커녕
방패 한번 휘두르지 못할 것이다.
그는 자기가 왔던 길로 되돌아가게 되리라.
이 성에는 한 발자국도 들이지 못할 것이다.
하나님의 포고다.
이 성은 내가 내 손으로 지켜
구원할 것이다.
나 자신을 위해,
또 나의 다윗 왕조를 위해.'"

36-38 그리고 나서, **하나님**의 천사가 내려와 앗시리아 진영을
쳤다. 그러자 앗시리아 사람 185,000명이 죽었다. 동이 틀

무렵, 그들 모두가 죽어 있었다. 주검뿐인 군대가 된 것이다! 앗시리아 왕 산헤립은 거기서 재빨리 빠져나와 니느웨로 돌아갔다. 그가 자기의 신 니스록의 신전에서 예배하고 있을 때, 그의 아들 아드람멜렉과 사레셀이 그를 죽이고 아라랏 땅으로 도망쳤다. 그의 아들 에살핫돈이 뒤를 이어 왕이 되었다.

히스기야의 병이 회복되다

38 ¹ 그때, 히스기야가 병이 들었다. 죽을병이었다. 아모스의 아들 예언자 이사야가 그에게 문병을 와서 말했다. "하나님께서 말씀하십니다. '네가 하는 일과 집안일을 정리하여라. 이제 너는 죽을 것이다. 낫지 못할 것이다.'"

²⁻³ 그러자 히스기야는 이사야를 등지고 벽을 향해 돌아서서 **하나님**께 기도했다. "**하나님**, 간구하옵기는, 제가 지금까지 어떻게 살아왔는지 기억해 주십시오. 저는 주님 앞에서 신실했고, 제 마음을 온전히 주께 드렸습니다. 주님은 제가 어떻게 살았는지, 무슨 선을 행했는지 잘 알고 계십니다." 히스기야는 기도하며 울었다. 흐느껴 울었다.

⁴⁻⁶ 그러자 **하나님**께서 이사야에게 말씀하셨다. "가서 히스기야에게 말하여라. 나 **하나님**, 네 조상 다윗의 하나님이 그에게 메시지를 주셨다고 전하여라. '내가 네 기도를 듣고 네 눈물을 보았다. 나는 이렇게 할 것이다. 네 수명에 십오 년

을 더해 주겠다. 또한 너와 이 도성을 앗시리아 왕의 손에서 구하고, 이 성을 내 손으로 지켜 줄 것이다.

7-8 네게 줄 표징은 이것이다. 나 **하나님**은 약속한 바를 틀림없이 시행한다는 것을 확증해 주는 표징이다. 잘 보아라. 지는 해를 따라 아하스의 해시계 위 그림자가 길어질 것이다. 그때 내가 그 그림자를 십 도 뒤로 돌릴 것이다.'"

정말 그렇게 되었다. 지는 해의 그림자가 그 시계 위에서 십 도 뒤로 물러났다.

9-15 이는 유다의 히스기야 왕이 병에서 회복되고 난 다음에 쓴 글이다.

생의 한창때에
떠나야 하다니.
남은 시간이 얼마든
다만 죽음의 대기실에서 보낼 뿐이네.
더는 산 자들의 땅에서
하나님을 뵙지 못하고,
이웃을 만나지 못하며,
더 이상 친구들과도 어깨동무하지 못하네.
내가 들어와 사는 이 몸,
바닥에 쓰러져 야영자의 천막처럼 거두어진다.

베 짜는 사람처럼. 나도 융단 말듯 내 생을 둘둘 말아 버렸네.
하나님이 베틀에서 나를 잘라 내시고는
날이 저물자, 바닥에 떨어진 부스러기들을 쓸어버리신다.
나, 동틀 때까지 울며 도움을 청하지만,
사자가 달려들듯, 하나님은 나를 두들겨 패시고
가차 없이 나를 끝장내신다네.
내가 화를 당한 암탉처럼 꽥꽥 울고
비둘기처럼 구슬피 울며,
눈이 빠지도록 도움을 찾았다네.
"주님, 곤경에 처했습니다! 여기서 저를 건져 주십시오!"
하지만 무슨 소용 있으랴? 하나님께서 친히 말씀하시고,
그분이 내게 행하시는 일인데.
번민과 괴로움에
잠을 이룰 수 없네.

16-19 오 주님, 인생이 처한 자리는 이런 것입니다.
그런데, 이런 처지에서도 제 영혼이 아직 살아 있습니다.
생명을 새로 받아 온전히 회복되었습니다!
이 고난을 겪은 것이
제게는 유익이었습니다.
이 고난 속에서도, 주님은 제 생명선을 꼭 잡아 주셨습니다.
제가 멸망 속으로 굴러떨어지지 않도록 보호하셨습니다.
제 죄들을 놓아 버리시고,

주의 등 뒤로 던져 버리셨습니다. 얼마나 후련한지요!
죽은 자들은 주께 감사하지 못하고,
무덤에서는 주를 찬양하는 찬송이 울려 나오지 못합니다.
땅 밑에 묻힌 자들은
주의 신실하심을 증언하지 못합니다.
지금의 나처럼,
오직 산 자만이 주께 감사할 수 있습니다.
부모가 자녀에게
주의 신실하심을 일러줍니다.

²⁰ **하나님**께서 나를 건지고 건지시리니,
수금과 비파 뜯으며
우리 노래하리라.
평생토록 하나님의 성소에서 노래하고 노래하리라.

²¹⁻²² 이사야가 말했다. "무화과로 습포를 만들어 왕의 종기 위에 얹으면 왕께서 나을 것입니다."
히스기야가 말했다. "내가 **하나님**의 성소에 다시 들어가도 좋다는 것을 말해 주는 표징은 무엇입니까?"

바빌론의 사신을 맞이하는 히스기야

39

¹ 얼마 후에, 바빌론의 발라단의 아들 므로닥발라단 왕이 히스기야에게 사신들을 보내어 인사하며 선물을 전했다. 히스기야가 병들었다가 나았다는 소식을 들었던 것이다.

² 히스기야는 그 사신들을 반갑게 맞이했다. 그는 그들에게 왕궁 내부를 구경시켜 주면서, 자기가 가진 보물— 은, 금, 향료, 진귀한 기름, 무기들— 전부를 자랑삼아 보이며 우쭐거렸다. 자기 왕궁이나 나라 안에 있는 것 가운데 히스기야가 그들에게 보여주지 않은 것은 하나도 없었다.

³ 나중에 예언자 이사야가 나타나 히스기야에게 물었다. "그 사람들은 누구입니까? 무슨 말을 하였습니까? 어디서 온 자들입니까?"

히스기야가 말했다. "그들은 멀리 바빌론에서 왔습니다."

⁴ "그들이 왕궁에서 무엇을 보았습니까?"

"모든 것을 보았습니다." 히스기야가 말했다. "내가 창고 문을 활짝 열었더니, 그들이 다 보고서 감동을 받았습니다."

⁵⁻⁷ 그러자 이사야가 히스기야에게 말했다. "이제 만군의 **하나님**께서 주시는 이 **메시지**를 들으십시오. '경고한다. 이 왕궁 안에 있는 모든 것, 네 조상이 쌓아 놓은 모든 것이 바빌론으로 옮겨질 날이 올 것이다.' **하나님**께서 또 말씀하십니다. '아무것도 남지 않을 것이다. 아무것도. 네 소유물뿐 아니라 네 아들들도 그러할 것이다. 네 아들들 가운데 얼마는

포로로 끌려가, 바빌론 왕궁의 내시가 될 것이다.'"

⁸ 히스기야가 이사야에게 대답했다. "하나님께서 그렇게 말씀하셨다면, 당연히 그렇게 되어야 할 것입니다." 그러나 그는 속으로 "분명 내 평생에는 나쁜 일이 일어나지 않을 테니, 내가 사는 동안에는 평안과 안정을 누릴 것이다" 하고 생각했다.

위로의 메시지
하나님이 오고 계시니 준비하여라

40

¹⁻² "위로하여라. 오, 내 백성을 위로하여라."
너희 하나님께서 말씀하신다.
"부드럽고 다정한 말로,
그러나 분명한 말로 예루살렘에 전하여라.
이제 형을 다 살았다고,
이제 죄가 해결되었다고, 용서받았다고!
예루살렘은 벌을 충분히 받았다. 지나치도록 받았다.
이제 끝났다. 모두 끝났다."

³⁻⁵ 광야에 울리는 천둥소리다!
"하나님이 오고 계시니 준비하여라!
길을 내어라. 곧고 평탄한 길을 내어라.
우리 하나님께 걸맞은 대로를 내어라.
골짜기는 돋우고,

언덕은 평평하게 골라라.
거친 길을 평탄하게 하고,
돌들도 말끔히 치워라.
그러면 **하나님**의 찬란한 영광이 비치리니,
모두가 그것을 보게 되리라.
그렇다. **하나님**께서 말씀하신 그대로 되리라."

6-8 한 소리가 말한다. "외쳐라!"
내가 말했다. "뭐라고 외쳐야 합니까?"

"이 사람들은 풀에 지나지 않고,
그들의 아름다움은 들꽃처럼 덧없다.
하나님께서 한 번 혹 부시면,
풀은 마르고 들꽃은 시든다.
이 백성은 그저 풀에 불과하지 않느냐?
그렇다. 풀은 마르고 들꽃은 시들지만,
우리 하나님의 말씀은 영원토록 굳건히 설 것이다."

9-11 시온아, 높은 산에 올라라.
너는 기쁜 소식을 전하는 자다.
예루살렘아, 목청을 돋우어라. 크게 외쳐라.
너는 낭보를 전하는 자다.
크고 분명한 소리로 전하여라. 소심하게 굴지 마라!

유다의 성읍들을 향해 말하여라.
"보아라! 너희 하나님이시다!"
그분을 보아라! **하나님** 우리 주께서 맹위를 떨치시며,
행동 태세를 갖추고 오신다.
원수들에게는 보복하시되,
그분을 사랑하는 이들에게는 상을 내려 주실 것이다.
목자처럼 자기 양 떼를 돌보아 주시리라.
어린양들을 친히 두 팔로 감싸
품에 안으시고,
젖먹이는 어미 양들을 푸른 초장으로 이끄시리라.

비교할 수 없는 하나님

12-17 자기 두 손으로
대양을 퍼 올리거나
자기 장뼘으로 하늘의 크기를 재 본 사람,
자기 바구니에 온 땅의 티끌을 담고
산과 언덕의 무게를 재 본 사람이 있겠느냐?
하나님께 그분이 하실 일을 일러 드리거나
일을 가르쳐 드린 사람이 있겠느냐?
그분이 조언을 구하실 전문가나
정의를 배우실 학교가 있겠느냐?
그분께 지식을 전해 주거나
세상 돌아가는 이치를 알려 준 신이 있겠느냐?

보아라. 뭇 민족들은 그저 두레박 안의 물 한 방울,
창문에 묻은 때 한 점에 지나지 않는다.
그분이 마루에서 먼지를 닦아 내듯,
섬들을 싹 쓸어버리시는 것을 보아라!
레바논의 모든 나무를 모아도,
저 거대한 숲 속 짐승 전부를 다 모아도,
그분을 예배하는 데 필요한 땔감과 제물로 부족하리라.
모든 민족을 합쳐도 그분 앞에서는 없는 것이나 마찬가지다.
아니, 없는 것만도 못하다. 오히려 손해만 끼친다.

18-20 그러니, 하나님을 누구와 견주겠으며
무엇에 비기겠느냐?
우상 신들에? 웃기는 소리다!
우상들은 작업실에서 만들어진 제품이다. 청동으로 본을 떠서
얇게 금을 입히고,
가는 은사슬로 장식을 한다.
누구는 올리브나무처럼 썩지 않는 좋은 나무를 고르고
목수를 불러 만들기도 하는데,
그 우상이 기울어져 넘어지는 일이 없도록 받침대에 특별히
신경을 쓴다.

21-24 주목해서 보지 않았단 말이냐?
귀 기울여 듣지 않았단 말이냐?

이는 너희가 평생 들어 온 이야기가 아니더냐?
만물의 기초가 무엇인지 모른단 말이냐?
하나님께서는 땅 위 높은 곳에 앉아 계신다.
거기서는 사람들이 개미 떼처럼 보인다.
그분은 휘장을 펴듯,
거주할 천막을 치듯, 하늘을 쭉 펴신다.
제후들이 무슨 말을 하거나 무슨 일을 벌여도, 괘념치 않으
신다.
땅의 통치자들, 그분은 없는 셈 친다.
제후와 통치자들, 별것 아니다.
싹만 텄을 뿐 제대로 뿌리를 내리지 못한 씨앗 같아서,
하나님께서 훅 부시면 시들어 버린다.
지푸라기처럼 바람에 날아간다.

25-26 "그러니, 나와 같은 자 누구냐?
누구를 나와 견주겠느냐?" '거룩하신 분'께서 말씀하신다.
밤하늘을 올려다보아라.
그 모든 것을 누가 만들었느냐?
매일 밤 별들의 행진을 지휘하는 이,
그 하나하나의 이름을 빠짐없이 부르며
더없는 위엄과 능력으로
점호를 실시하는 이, 누구냐?

²⁷⁻³¹ 오, 야곱아, 왜 불평하느냐?

이스라엘아, 왜 투덜대느냐?

어찌하여 "**하나님**께서 나를 잊으셨다.

내게 무슨 일이 있는지 관심도 없으시다"고 말하느냐?

그렇게도 모른단 말이냐? 그렇게도 알아듣지 못한단 말이냐?

하나님은 왔다갔다 하시는 분이 아니다. 하나님은 언제나 너희와 함께하시는 분이다.

그분은 우리 눈에 보이는 모든 것, 상상할 수 있는 모든 것을 지으신 창조자이시다.

그분은 지치지도, 피곤해 하지도 않으신다.

모든 것을 속속들이 다 아신다.

그분은 지친 자들에게 기운을 북돋우시고,

나가떨어진 자들에게 새 힘을 불어넣어 주신다.

청년들도 지쳐 나가떨어지고,

한창때의 젊은이들도 비틀거리다 쓰러지지만,

하나님을 바라보는 이들은 새 힘을 얻는다.

그들은 독수리처럼 날개를 펼쳐 높이 날아오르며,

아무리 뛰어도 지칠 줄 모르고,

아무리 걸어도 피곤치 않다.

네가 하찮은 벌레처럼 느껴지느냐?

41

¹ "먼 바다 섬들아, 진정하여라. 조용히 들어 보아라!

모두 앉아 쉬면서, 기운을 차려라.
내 주위로 모여라. 네 마음속 생각을 털어놓아라.
무엇이 옳은지 함께 판단해 보자.

2-3 이 일을 진행하는 이,
동방에서 그 정복자를 일으켜 오게 한 이가 누구냐?
그를 뽑아 일을 맡기고,
민족들을 한데 몰아넣어,
그로 하여금 왕들을 짓밟게 한 이가 누구냐?
그가 출발해 달리고 있다.
민족들을 빻아 가루로 만들고 있다.
그가 지나간 자리에는 재와 먼지뿐이다.
그들을 쫓아가 해치우는 그는 다치는 일이 없고,
발이 거의 땅에 닿지도 않는다.

4 누구냐? 이런 일을 일으킨 이가 누구냐?
만사를 시작케 하는 이가 누구냐?
나다. 하나님이다. 무대에 가장 먼저 등장하는 이는 언제나
나다.
또 가장 늦게까지 남아 있는 이도 바로 나다.

5-7 먼 바다 섬들이 보고는 겁에 질린다.
땅끝 나라들이 뒤흔들린다.

공포에 떨며 서로 한데 모인다.
암흑 속에서 서로
없는 말 지어내며 위로해 주려 한다.
우상 제작자들,
초과근무까지 하며 신상품을 찍어 내고
서로 '좋네!' '디자인 끝내주는데!' 하고 말한다.
우상이 기울어져 쓰러지지 않도록
받침대에 단단히 못을 박아 넣으면서.

8-10 그러나 너, 이스라엘아, 너는 내 종이다.
너는 야곱이다. 내가 고르고 고른 자다.
나의 좋은 친구 아브라함의 자손이다.
나는 세상 전역에서 너를 끌어모으고,
땅의 어둔 구석구석에서 너를 불러내며 말했다.
'너는 나의 종, 내 옆에서 나를 섬기는 종이다.
내가 너를 뽑았으며, 너를 내친 적이 없다.'
겁먹지 마라. 내가 너와 함께하고 있다.
두려워할 것 없다. 내가 너의 하나님이니
내가 네게 힘을 줄 것이다. 너를 도와주리라.
내가 너를 붙들어 줄 것이다. 꽉 붙잡아 주리라.

11-13 두고 보아라. 너를 푸대접했던 자들,
천대받게 될 것이다.

실패자가 될 것이다.
너를 대적하던 자들,
빈털터리가 될 것이다.
아무것도 보여줄 것 없는 신세가 될 것이다.
네가 옛 적들을 찾아보려고 해도
찾지 못하리라.
너의 옛 원수들, 흔적조차 남지 않을 것이다.
기억하는 자 하나 없으리라.
그렇다. 나 너의 **하나님**이,
너를 꽉 붙잡고, 결코 놓지 않기 때문이다.
내가 네게 말한다. '겁먹지 마라.
내가 여기 있다. 내가 너를 도우리라.'

14-16 야곱아, 네가 하찮은 벌레처럼 느껴지느냐?
염려할 것 없다.
이스라엘아, 네가 보잘것없는 곤충처럼 느껴지느냐?
내가 너를 도울 것이다.
나 **하나님**이 장담한다.
나는 값을 치르고 너를 다시 산 하나님, '이스라엘의 거룩한
이'다.
내가 너를 벌레에서 써레가 되게,
곤충에서 철이 되게 할 것이다.
너는 날카로운 날을 가진 써레가 되어 산들을 갈아 없애고,

굳은 언덕들을 옥토 밭으로 바꾸어 놓을 것이다.
너는 거친 땅을 온갖 풍상에,
햇빛과 바람과 비에, 시달리게 만들 것이다.
그러나 너는 '이스라엘의 거룩한 이' 안에서
자신감 넘치고 원기 왕성하며,
기상이 원대해지리라!

17-20 가난하고 집 없는 자들이 간절히 물을 찾는다.
갈증으로 혀가 타지만 물이 없다.
그러나 내가 있다. 그들을 위해 내가 있다.
나 이스라엘의 하나님이, 그들을 계속 목마르게 내버려 두
지 않을 것이다.
그들을 위해 메말랐던 언덕에서 강물이 터지고,
골짜기 가운데서 샘물이 터져 나게 할 것이다.
바싹 말랐던 황무지를 시원한 못으로,
메마른 사막을 물이 철철 넘쳐흐르는 시내로 바꿀 것이다.
나무 한 그루 없던 황야에 붉은 백향목과
아카시아나무, 도금양나무, 올리브나무를 심을 것이다.
사막에 잣나무를 심고,
상수리나무와 소나무가 우거지게 할 것이다.
모두가 보게 되리라. 못 볼 수가 없다.
명백한 증거가 되리라.
나 **하나님**이 친히 이뤄 낸 일.

반박할 수 없는 증거가 되리라.

그렇다. 이는 '이스라엘의 거룩한 이'가 창조하고 서명까지
한 일이다."

21-24 **하나님**께서 말씀하신다. "너의 신들을 위해 변론을 시
작해 보아라.

증거를 제시해 보아라." '야곱의 왕'이신 이가 말씀하신다.

"너의 우상들을 변호하기 위해 논증을 제시하여 보아라.

근거를 대 보아라.

우리가 판단할 수 있도록,

우리 앞에 사실을 내놓아 보아라.

네 신들에게 이렇게 물어보아라.

'그대들이 정말 신이라면, 지나간 일들의 의미를 설명해 주
시오.

못하겠소? 그러면, 앞으로 일어날 일들에 대해 말해 보시오.

그것도 못하겠소?

그러면, 뭐라도 해보시오. 무슨 일이든!

좋은 일이든 나쁜 일이든, 아무거나 해보시오.

도대체 그대들은 우리에게 해를 끼치거나 도움을 줄 수 있
는 존재요?

우리가 두려워해야 할 필요가 있는 존재요?'

그들, 아무 말도 못한다. 아무것도 아니기 때문이다.

가짜 신들, 우상 신들, 어릿광대 신들이기 때문이다.

25-29 나 하나님이, 북쪽에서 누군가를 일으켜 이리로 오게
했다.

내가 동쪽에서 그의 이름을 불러 뽑았다.

토기장이가 진흙을 밟아 이기듯,

그가 통치자들을 바닥에 짓이길 것이다.

네게 한번 물어보자. 이런 일이 있을 것을 미리 알던 자가
있느냐?

우리에게 먼저 말해 주어,

'과연 그의 말이 옳았다!'고 말하게 한 자가 있느냐?

이 일은 누구도 언급한 바 없다. 누구도 예고한 바 없다.

너 역시 찍소리도 낸 적 없다.

그러나 나는 시온에게 이 일을 미리 알려 주었다.

내가 예루살렘에 낭보를 알리는 자를 보냈다.

그러나 여기 둘러보니,

무슨 일이 벌어지고 있는지 아는 사람이 아무도 없다.

물어봐도, 누구 하나 진상을 말하지 못한다.

여기에는 아무것도 없다. 전부 연기와 헛바람뿐이다.

가짜 신들, 텅 빈 신들, 우상 신들뿐이다."

하나님의 종이 모든 일을 바로잡으리라

42

1-4 "나의 종을 유심히 보아라.

내가 전적으로 지지하는 종이다.

그는 내가 택한 사람이며,

나는 그가 더없이 마음에 든다.
나는 그를 온통 내 영으로, 내 생명으로 감싸 주었다.
그가 민족들 사이에서 모든 일을 바로잡을 것이다.
그는 일장연설이나 화려한 행사로
자기 일을 과시하지 않을 것이다.
그는 다치고 상한 이들을 무시하거나
미천하고 보잘것없는 자들에게 무관심하지 않으며,
분명하고 단호하게 모든 일을 바로잡아 줄 것이다.
그는 자기 일을 마칠 때까지 지쳐 주저앉는 법이 없고,
땅 위의 모든 일을 바로잡기까지 멈추지 않을 것이다.
먼 바다 섬들까지,
그의 가르침을 고대할 것이다."

5-9 우주를 창조하시고, 하늘을 펴셨으며,
땅과 거기 자라는 모든 것을 펼치신 분,
땅에 사는 사람들에게 당신의 생명 불어넣어,
그 생명으로 그들을 살게 하시는
하나님의 메시지다.
"나는 **하나님**이다. 의롭게 살라고 내가 너를 불렀다.
내가 너를 책임지고 안전히 지켰다.
너를 내 백성 가운데 세워 그들과 나를 잇고,
너로 하여금 민족들을 비추는 등대로 삼아,
밝고 탁 트인 곳으로 사람들을 인도하는 일을 시작했다.

눈먼 사람의 눈을 뜨게 하고,
감옥에 갇힌 자들을 풀어 주며,
어두운 감방을 텅텅 비우는 일을 시작했다.
나는 **하나님**이다. 이것이 나의 이름이다.
나는 내 영광을 남에게 빌려 주지 않으며,
우상 신들을 인정해 주지 않는다.
기억하여라. 예전에 예고했던 심판들, 모두 이루어졌다.
이제 나는 새로운 구원을 예고한다.
그 일이 엄습하기 전에,
너희에게 미리 일러 준다."

10-16 **하나님**께 새 노래를 불러라!
온 세상에 찬양의 노래 울려 퍼지게 하여라!
바다와 그 속의 고기들이
환호성을 지르게 하여라.
모든 먼 섬들도 따라하게 하여라.
광야와 장막들이 소리 높여 노래하고
게달의 유목민들도 따라 하게 하여라.
셀라의 주민들이 찬양대를 만들어
산꼭대기에서 노래하게 하여라.
하나님의 영광이 울려 퍼지게 하여라.
그분을 찬양하는 소리가 대양을 가로질러 메아리치게 하여라.
하나님께서 작정하고 나서신다.

행동에 들어가실 태세다.

"내가 왔다." 그분께서 큰소리로 알리신다.

적들을 단번에 장악하신다.

"내가 오랫동안 침묵을 지켜 왔다.

뒤로 물러나 이를 악물고 있었다.

그러나 이제야, 터뜨린다.

해산하는 여인처럼 크게 소리친다.

산들을 벌거숭이로 만들고

들꽃들을 말려 죽이고

강들을 말라붙게 하며,

호수들을 개펄이 되게 한다.

그러나 길을 알지 못하는 자들,

향방을 알지 못하는 자들은 내가 손을 잡아 주리라.

낯선 곳을 지나는 그들을 위해

친히 내가 길 안내자가 되어 줄 것이다.

어느 길로 가야 하는지 곁에서 일러 주고,

도랑에 빠지지 않게 도와주리라.

그들을 위해 그렇게 할 것이다.

그들 옆에 꼭 붙어, 한시도 떠나지 않으리라."

[17] 그러나 우상에 투자했던 자들은

이제 파산이다. 끝장이다.

이스라엘이 깨닫지 못한다

¹⁸⁻²⁵ 주목하여라! 귀가 멀었느냐?

눈을 떠라! 눈이 멀었느냐?

너희는 나의 종이다. 그런데 보고 있지 않구나!

너희는 내가 보내는 사자다. 그런데 듣고 있지 않구나!

내가 믿었던 백성이, **하나님**의 종들이

장님이다. 작심하고 눈을 감아 버린 장님이다!

너희는 많은 것을 보았으나, 제대로 본 것은 아무것도 없다.

전부 다 들었으나, 제대로 들은 것은 아무것도 없다.

하나님께서는 선한 마음으로

자신의 계시를 아낌없이 나누시기로 작정하셨다.

그런데 얻어맞고 윽박지름당하며 살아온 이 백성,

다락, 구석에 갇혀

피해의식에 젖은 채

자기 상처나 핥고 있다.

거기, 누구 듣고 있는 자 없느냐?

지금 벌어지는 일을 주목하는 자 없느냐?

너희는 야곱을 흉악범의 손에 넘기고,

이스라엘에 강도를 풀어 활보하게 한 이가 누구라고 생각하느냐?

하나님이 아니시더냐? 우리는 이 하나님께 죄를 범했다.

그분이 명령하신 것을 행하지 않았고,

그분이 말씀하신 바를 듣지 않았다.

이 모든 일 뒤에는 하나님의 진노가,
하나님의 심판하시는 능력이 있지 않더냐?
그런데, 자기 세상 전부가 무너졌는데, 그들은 여전히 깨닫
지 못했다.
자기 삶이 폐허가 되었는데도, 그들은 여전히 마음에 새기
지 않는다.

43 ¹⁻⁴ 그러나 이제, **하나님**의 **메시지**를 들어라.
애초에 너, 야곱을 만드신 하나님,
너, 이스라엘을 시작하신 분의 말씀이다.
"두려워하지 마라. 내가 너를 속량했다.
내가 네 이름을 불렀다. 너는 내 것이다.
네가 길을 잃고 갈팡질팡할 때, 내가 함께할 것이다.
네가 물에 빠져 허우적거릴 때, 가라앉게 내버려 두지 않을
것이다.
사면초가에 처해도,
그것이 네게 막다른 골목이 되지 않으리라.
나는 **하나님**, 곧 너의 하나님,
'이스라엘의 거룩한 이', 너의 구원자이기 때문이다.
나는 어마어마한 값을 치르고 너를 샀다. 너를 얻으려고
이집트를 다, 귀중한 구스와 스바도 같이, 내놓았다!
너는 내게 그만큼 소중하다!

내가 너를 그만큼 사랑한다!
너를 얻기 위해서라면 나는 온 세상도 팔 수 있다.
창조세계와 너를 맞바꿀 수도 있다.

5-7 그러니 두려워하지 마라. 내가 너와 함께한다.
너의 흩어진 자녀들을 내가 다시 불러 모을 것이다.
동쪽과 서쪽에서 그들을 끌어모을 것이다.
내가 북쪽과 남쪽으로 명령을 보낼 것이다.
'그들을 다시 보내라.
먼 땅에 있는 내 아들들,
먼 곳에 있는 내 딸들을 돌려보내라.
내가 되돌려 받고자 한다. 내 이름을 지니고 있는 사람 모두,
내 영광을 위해 창조한 이들,
친히 내가 하나하나 빚어 만든 그들,
한 사람도 빠짐없이, 다 돌려보내라.'"

❧

8-13 눈먼 자들과 귀먹은 자들을 불러 준비하게 하여라.
(눈은 멀쩡한데) 눈먼 자들,
(귀는 멀쩡한데) 귀먹은 자들 말이다.
다른 민족들도 나와서 준비하게 하여라.
그들이 무슨 말을 할지,
벌어진 일에 대해 무슨 설명을 내놓을지 보자.

그들로 하여금 노련한 증인들을 내세워
변론하게 해보아라.
자기들 말이 옳다는 것을 설득해 보게 하여라.
"그러나 내 증인은 너희다." 하나님의 포고다.
"너희는 나의 종이다. 나를 알고 신뢰하라고,
내가 존재한다는 것과 내가 어떤 존재인지를 깨달아 알라고,
내 손으로 직접 고른 나의 종이다.
나 이전부터 존재한 신이나,
나 이후에도 존재할 신 같은 것은 없다.
그렇다. 내가 하나님이다.
존재하는 유일한 구원자다.
내가 말했고, 내가 구원했으며,
건방진 신들이 설치기 훨씬 이전의 일들을 너희에게 일러
주었다.
너희도 알고 있다. 너희가 내 증인이고,
내 증거물이라는 사실이다." 하나님의 포고다.
"그렇다. 내가 하나님이다.
언제나 그랬고,
언제까지나 그럴 것이다.
내게서 무엇을 앗아 갈 자 아무도 없다.
내가 만든 것을 누가 없앨 수 있겠느냐?"

너희는 나를 거들떠보지도 않았다

14-15 **하나님**, 너희 속량자,
'이스라엘의 거룩하신 분'께서 말씀하신다.
"내가 너를 위해 바빌론으로 행군해 갈 것이다.
바빌론 사람들에게 보복할 것이다.
야단법석을 떨던 그들,
통곡하게 되리라.
나는 **하나님**, 너희의 거룩한 이,
이스라엘의 창조자, 너희의 왕이다."

16-21 **하나님**께서 말씀하신다.
대양 가운데 길을 내시고
거센 물결 사이로 길을 뚫으시는 하나님,
말과 전차와 군대를 소환하시면
다 쓰러져 일어나지 못하고
촛불처럼 꺼져 버리고 마는, 그 하나님께서 말씀하신다.
"지금까지 있었던 일들은 잊어라.
지나간 역사에 연연하지 마라.
다만, 깨어 있어라. 현재에 깨어 있어라.
이제 나는 전혀 새로운 일을 행할 것이다.
이미 시작되었다! 보이지 않느냐?
여기를 보아라! 내가 사막 가운데 길을 내고,
황무지에 강을 낼 것이다.

들짐승들이, 이리와 독수리들이
'감사합니다!' 하고 외칠 것이다.
내가 사막에 물을 가져오고
바싹 마른 땅에 강이 흐르게 하여,
나의 택한 백성이 그 물을 마시게 하기 때문이다.
그들은 나를 위해 특별히 만든 백성,
나를 찬양하라고 특별히 지은 백성이다.

22-24 그런데 야곱아, 너는 나를 거들떠보지도 않았다.
이스라엘아, 너는 빨리도 나에게 싫증을 냈다.
너는 양을 제물로 바치는 일도 하지 않으려 했다.
희생 제물을 바치는 일에도 전혀 관심이 없었다.
나는 너에게 많은 것을 요구하지 않았다.
값비싼 선물도 기대하지 않았다.
그런데 너는 최소한의 성의도 보이지 않았다.
내게 참으로 인색했다. 구두쇠처럼 굴었다.
그런데 네가 죄를 짓는 일에는 인색하지 않았다.
죄 앞에서는 손이 너무도 컸다. 나는 이제 지쳤다.

25 그러나 나는, 그렇다,
너의 죄를 처리해 주는 이다. 그것이 내가 하는 일이다.
나는 너의 죄 목록을 보관하지 않고 있다.

26-28 그러니, 내게 맞서 변론을 해보아라. 공개토론을 해보자.
너의 주장을 펼쳐 보아라. 네가 옳다는 것을 증명해 보아라.
너의 처음 조상이 범죄행위를 시작했고,
그 후로 모두가 동참했다.
그것이 내가 성전 지도자들의 자격을 박탈하고,
야곱을 버리며, 이스라엘을 불신할 수밖에 없었던 이유다."

나 같은 반석은 없다

44

1-5 "그러나 사랑하는 종 야곱아,
내가 친히 뽑은 너, 이스라엘아, 이제 들어라.
너를 만든 **하나님**이 네게 말한다.
모태에서 너를 빚은 그 하나님이 너를 도우려 한다.
사랑하는 종 야곱아,
내가 택한 여수룬아, 두려워하지 마라.
내가 메말랐던 땅에 물을 쏟아붓고,
바싹 말랐던 땅에 시내가 흐르게 할 것이다.
네 자손에게 나의 영을 부어 주며,
네 자녀들에게 나의 복을 부어 주리라.
그들이 초원의 풀처럼,
시냇가의 버들처럼 쑥쑥 자랄 것이다.
누구는 '나는 **하나님**의 것이다' 말하고,
누구는 자기 이름을 야곱이라 할 것이다.
또 누군가는 자기 손에 '이 몸은 **하나님**의 것'이라 쓰고 다니며 이스라엘이라 불리기를 자랑스러워할 것이다."

6-8 **하나님**, 이스라엘의 왕,
너희를 속량한 자, 만군의 **하나님**께서 말씀하신다.
"나는 시작이요 끝이며, 그 사이의 모든 것이다.
나는 존재하는 유일한 하나님이다.
나와 견줄 자 누구냐?
한번 나서 보아라. 어디, 자격이 되는지 보자.
처음부터 앞으로 될 일을 예고한 이가 나 말고 또 누가 있느냐?
있다면, 한번 말해 보아라. 이제 무슨 일이 있겠느냐? 누가
말해 보겠느냐?
두려워하지 마라. 염려하지 마라.
내가 너희에게 늘 알리지 않았더냐? 무슨 일인지 말해 주지
않았더냐?
너희는 나의 증인들이다.
너희가 나 말고 다른 하나님을 만나 본 적 있느냐?
나 같은 반석은 없다. 내가 아는 한, 없다."

어리석은 우상숭배자들

9-11 우상을 만드는 자들은 모두 허망한 존재에 불과하다. 그
들이 땀 흘려 만들어 내는 것은 아무 쓸모가 없다. 시시한
장난감 신들, 그것들은 아무것도 못 보고 아무것도 모른다.
그저 해괴망측할 뿐이다! 아무것도 하지 못하는 신들, 신이

라고 할 수도 없는 것들을 만들어 내는 자 누구냐? 부끄러
워 얼굴을 들지 못하는 저 꼴을 보아라. 자기들이 만든 우상
들이 기대를 저버리자, 창피해서 슬금슬금 꽁무니를 빼는
저 모습을 보아라. 그들을 이곳 광장에 데리고 나와 세워라.
그들에게 하나님의 실재를 대면시켜라.

¹² 대장장이가 자기 우상을 만든다. 그의 대장간에서, 모루
위에 올려놓고 망치로 탕탕 두들겨 만들어 낸다. 참 고된 일
이다! 허기지고 목말라 지친 모습으로 그는 일을 마친다.

¹³⁻¹⁷ 목수가 자기 우상을 만들 계획을 세우고 나무토막 위에
도면을 그린다. 끌질을 하고 대패질을 해서 사람 모양을 만
든다. 근사한 미남, 미녀 모양으로 만들어 예배당에 갖다 두
려는 것이다. 우선 백향목을 베어 오거나, 소나무나 상수리
나무를 고르고, 그것이 숲 속에서 비를 맞고 잘 클 때까지
기다린다. 나무가 다 자라면 그는 그것을 두 가지 용도로 쓴
다. 일부는 집을 데우거나 빵 굽는 데 필요한 땔감으로 쓰
고, 남는 것으로 자기가 숭배할 신을 만든다. 잘 깎아 신의
모양을 만든 다음 그것 앞에서 기도하려는 것이다. 먼저 그
는 나무의 반을 가져와 방을 덥히고 불을 피워 고기를 굽는
다. 배불리 먹은 다음, 배를 두드리며 따뜻한 불가에 기대어
앉아 말한다. "아, 이런 게 사는 맛이지." 그 다음에 그는 남
은 나무를 가지고 자기 취향에 따라 우상을 디자인한다. 마
음 내킬 때 편하게 예배할 수 있도록 간편하고 편리한 우상
을 만든다. 그러고 나서 필요할 때마다 그것 앞에서 기도한

다. "나를 구원해 주십시오. 당신은 나의 신입니다."

18-19 이 얼마나 바보 같은 짓이냐? 눈이 있어도 보지 못하고 머리가 있어도 생각하지 못하는구나. 아니, 그들에게는 이런 생각이 들지 않더란 말이냐? "내가 이 나무의 반으로 불을 피웠다. 그것으로 빵을 구웠고, 고기를 구웠고, 배불리 먹었다. 그리고 나머지 반으로 우상을 만들었다. 이런 혐오스런 우상을. 아니, 나무 막대기에 불과한 것 앞에서 내가 기도하고 있다니!"

20 허상에 미혹된 자들은 현실감각을 잃어버린 나머지, 자기가 무슨 짓을 하고 있는지 도무지 깨닫지 못한다. 손에 들고 있는 나무 막대기 우상을 보며 "이 무슨 미친 짓인가" 하고 말하지 못한다.

❧

21-22 "오, 야곱아, 이것들을 기억하여라.
이스라엘아, 네가 내 종이라는 사실을 엄숙히 받아들여라.
내가 너를 만들었다. 너를 빚어 내었다. 너는 나의 종이다.
오, 이스라엘아, 나는 결코 너를 잊을 수 없다.
내가 너의 모든 죄를 청산해 주었다.
말끔히 없애 주었다.
내게 돌아오너라, 돌아오너라.
내가 너를 속량했다."

²³ 높은 하늘아, 노래하여라!
하나님께서 이를 이루셨다.
깊은 땅아, 소리쳐라!
너희 산들아, 노래하여라!
상수리나무, 소나무, 백향목들아, 숲 속에서 합창하여라!
하나님께서 야곱을 속량하셨다.
이스라엘에 **하나님**의 영광이 나타났다.

²⁴ **하나님**, 너의 구원자,
네 어머니의 태에서 너의 생명을 빚어 내신 분께서 말씀하신다.
"나는 **하나님**이다. 내가 존재하는 모든 것을 만들었다.
너의 도움 전혀 없이 내가 하늘을 펼치고
땅을 펼쳤다."

²⁵⁻²⁸ 그분께서 마술사들을 우스꽝스럽게 만드시고
점쟁이들을 가소로운 자들로 만들어 버리신다.
전문가들을 시시하게 만드시고
첨단 지식을 바보 같은 소리로 만들어 버리신다.
그러나 당신 종이 하는 말은 뒷받침해 주시며
당신이 보낸 사자의 조언은 확증해 주신다.
그분께서 예루살렘에게 "사람들이 네게 들어와 살 것이다"
말씀하시고
유다의 성읍들에게 "너희는 다시 재건될 것이다" 말씀하시며,

폐허 더미들에게 "내가 너희를 다시 일으켜 세우리라" 말씀
하신다.
그분께서 대양에게 "말라 버려라.
내가 강들을 말려 버릴 것이다" 말씀하신다.
그분께서 고레스에게 "내 목자여,
내가 원하는 일 모두를 네가 해낼 것이다" 말씀하신다.
예루살렘에게 "재건될 것이다" 말씀하시고,
성전에게 "다시 세워지리라" 말씀하신다.

하나님께서 고레스를 세우시다

45

1-7 **하나님**께서 당신의 기름부음 받은 자,
고레스에게 주시는 **메시지다.**

민족들을 길들이고
그 왕들의 간담을 서늘케 하라고
하나님이 친히 그를 붙잡아 세우시며,
전권과 재량을 주시며 말씀하셨다.
"내가 네 앞서 가며,
길을 낼 것이다.
단단한 성문들을 부서뜨리고
굳센 자물쇠를 깨뜨리며, 굳게 잠긴 출입문을 박살내겠다.
내가 너를 보물이 묻혀 있는 곳,
보석이 숨겨 있는 은닉처로 안내하겠다.
그렇게, 너를 지명하여 불러낸 이가 바로 나 **하나님**,

이스라엘의 하나님임을 확증해 주겠다.

내가 너를 뽑고, 너를 지명하고 불러내어

이 특권을 맡긴 것은,

바로 내 사랑하는 종 야곱,

내가 택한 이스라엘 때문이다.

너는 나를 알지도 못한다!

나는 **하나님**, 존재하는 유일한 하나님이다.

나 외에 다른 신은 없다.

내가 나를 알지도 못하는 너를

무장시켜 이 일을 맡긴 것은,

동쪽에서 서쪽에 이르기까지 모든 사람으로 하여금

나 외에 다른 신이 없다는 것을 알게 하려는 것이다.

나는 **하나님**, 존재하는 유일한 하나님이다.

나는 빛을 만들고, 어둠을 창조하며,

조화를 만들고, 불화를 창조한다.

나 **하나님**이 이 모든 일을 이룬다.

8-10 열려라, 하늘아, 비를 내려라.

구름들아, 나의 의를 쏟아부어라!

땅아, 다 내놓아라. 구원을 꽃피게 하여라.

의로운 삶을 싹트게 하여라.

나 **하나님**이 이 모든 일을 일으키리라.

그러나 자신의 창조자와 맞서 싸우는 자들에게는 화가 있으리라.

그들은 토기장이에게 맞서는 토기와 같다!

진흙이 토기장이에게

'이게 뭡니까? 정말 형편없는 솜씨군요!' 하고 대드는 법이

있느냐?

정자가 그 주인에게

'누구 허락을 받아 날 가지고 아기를 만듭니까?' 하거나

태아가 엄마에게

'왜 뱃속에 날 가두는 거예요?' 하고 말할 수 있느냐?"

11-13 **하나님**, 이스라엘의 거룩하신 분, 이스라엘의 창조자께

서 말씀하신다.

"내가 누구를 만드는지, 무엇을 만드는지, 너희가 왈가왈부

하느냐?

내가 무엇을 할 수 있고, 무엇을 할 수 없는지, 너희가 따지

려 드느냐?

내가 땅을 만들었고,

거기에 살 사람들을 창조했다.

내가 하늘을 직접 만들었고,

별들의 움직임을 지도했다.

그런 내가 이제 고레스를 일으켰다.

그 앞에 레드 카펫을 깔아 주었다.

그가 내 성읍을 건설할 것이다.

그가 내 유랑민들을 고향으로 데리고 올 것이다.
내가 이 일을 위해 보수를 주고 그를 고용하지 않았다.
다만 그에게 명령을 내렸다.
나 만군의 **하나님**이.”

❧

14 **하나님**께서 말씀하신다.

“이집트의 일꾼들, 에티오피아의 상인들,
훤칠한 스바 사람들이 모두
너에게 올 것이다. 모두 너의 것이 될 것이다.
사슬에 묶인 채 고분고분하게 너를 따르고,
공손하게 두 손 모아 네 앞에서 기도하며 말하리라.
‘놀랍습니다! 하나님이 당신과 함께하십니다!
다른 신은 없습니다.’”

15-17 분명, 주님은 배후에서 일하시는 하나님,
이스라엘의 하나님, 구원자 하나님이십니다.
그들은 모두 부끄러움을 당하여,
얼굴을 들지 못하게 될 것입니다.
우상을 만드는 자들, 일을 잃고 갈팡질팡하며
어쩔 줄 몰라 할 것입니다.
그러나 **하나님**, 이스라엘 백성은 주가 구원해 주셨습니다.

주께서 영원한 구원을 베풀어 주셨습니다.
그들은 수치를 당하지 않고,
갈팡질팡하는 일도 없을 것입니다.

18-24 **하나님**은 하늘을 창조하신 분.
기억하여라. 그분은 하나님이시다.
그분이 땅을 만드셨고,
태초에 땅의 기초를 세우셨다.
그분은 땅을 텅 빈 곳이 되게 하시려고
그런 수고를 들이신 것이 아니라,
생명이 살 수 있는 곳이 되게 하시려고 땅을 만드셨다.

이 **하나님**께서 말씀하신다.

"나는 **하나님**이다.
오직 나만이 그렇다.
나는 혼잣말을 중얼거리거나
웅얼대며 말하는 이가 아니다.
나는 야곱에게
'나를 공허 속에서, 어두운 무(無)에서 찾으라'고 말해 본 적
이 없다.
나는 **하나님**이다. 나는 공공연하게 일하고
옳은 것을 말하며, 모든 일을 바로잡아 준다.

그러니 너희 모든 피난민, 버림받은 자들아,

함께 모여서, 오너라.

그들, 참으로 아둔하기 짝이 없다.

나무토막 신들을 지고 다니며,

죽은 막대기에다 도움을 청하는 자들 말이다.

네 생각을 말해 보아라. 증거를 보아라.

머리를 써 보아라. 변론을 해보아라.

지금 일어나고 있는 이 일을 이미 오래전에 네게 일러 준 이
가 누구냐?

네가 사태를 이해하도록 도운 이가 누구냐?

바로 나, **하나님**이 아니냐?

나일 수밖에 없다. 내가 유일한 하나님이기 때문이다.

모든 일을 바로잡고

도움을 베풀 수 있는 하나님은 오직 나밖에 없다.

그러니 어디에 사는 누구든지,

모두 내게 돌아와 도움을 받아라. 구원을 받아라!

나는 **하나님**이다.

유일무이한 하나님이다.

내가 나의 이름으로 약속한다.

내 입에서 나오는 모든 말은 그대로 이루어진다.

나는 내 말을 도로 담는 법이 없다.

결국 모두가 내 앞에 무릎 꿇게 될 것이다.

결국 모두가 나에 대해 이렇게 말하게 될 것이다.

'그렇습니다! 구원과 능력은 **하나님**께 있습니다!'"

24-25 그분께 맞서 사납게 날뛰던 자들
다 그분 앞에 서게 되고,
그 불신으로 인해 부끄러움을 당하게 될 것이다.
그러나 이스라엘과 연결된 자들은 모두,
하나님 안에서 힘과 찬양과 복이 넘치는 삶을 누리게 되리라!

바빌론 신들의 몰락

46

1-2 벨 신이 쓰러진다. 느보 신이 고꾸라진다.
그 나무토막 신들이 노새 등에 실려,
가련한 노새 등에 실려
끌려간다.
짐을 지어 주기는커녕, 과중한 짐만 되어,
포로로 끌려간다.

3-4 "야곱 가문아, 이스라엘 가문의 남은 자들아,
내 말에 귀 기울여라.
나는, 너희가 태어난 날부터 지금까지
너희를 내 등에 업고 다녔다.
너희가 늙어도 나는 계속 너희를 업고 다닐 것이다.
늙어 머리가 희끗희끗해져도 너희를 지고 다닐 것이다.
지금까지 그렇게 해왔고, 앞으로도 그럴 것이다.

내 등에 너희를 업고 다닐 것이다. 너희를 구원해 줄 것이다.

5-7 그러니, 나를 누구와 비교하겠느냐? 비교할 수 없는 나를!
나를 무엇에 견주는 것은 곧 나를 격하시키는 일이 아니냐?
돈 많은 자들이 장인을 고용해
신상을 만들게 한다.
제작을 마친 기술공이 신상을 배달해 주면
그들은 그 앞에 무릎 꿇고 절한다!
그것을 지고 다니며 종교행렬을 벌이고는
집에 가져가 선반 위에 둔다.
그것은 놓인 그 자리에 밤낮으로
꼼짝 않고 그대로 앉아 있다.
그것에 무슨 말이든 해보아라. 결코 대꾸하는 법이 없다.
물론, 무슨 일을 하는 법도 없다!

8-11 잘 생각하여라. 숙고하여라.
반역자들아, 명심하여라. 이것은 심각한 일이다.
너희 역사를 기억하여라.
그 다사다난했던 시간을 기억하여라.
나는 **하나님**이다. 너희에게 유일한 하나님이었고, 앞으로도
그럴 것이다.
비교할 수 없고 대체할 수 없는 하나님이다.
맨 처음부터 나는

끝이 어떻게 될 것인지 너희에게 알려 주었고,
앞으로 일어날 일을 늘 일러 주었다.
'이는 내가 오래전부터 벌여 온 일,
나는 내가 계획한 일을 그대로 이룰 것이다'라고 너희에게
확신시켰고,
동쪽 먼 나라에서 그 독수리를 불러왔다.
나의 일을 돕는 자로 고레스를 택했다.
내가 말했으니, 내가 틀림없이 이룰 것이다.
내가 계획한 일이니, 이미 된 것이나 다름없다.

12-13 이제 내게 귀 기울여라,
돕기 어려운 고집불통들아.
나는 당장이라도 너희를 도울 준비가 되어 있다.
구원은 장기계획이 아니다.
구원은 지체 없이 온다.
나는 이미 시온에 구원을,
이스라엘에 영광을 일으키고 있다."

파티는 끝났다

47

1-3 "너, 처녀 딸 바빌론아,
네 높은 말에서 내려와 먼지 더미 위에 앉아라.
딸 갈대아야,
이제 네가 앉을 보좌는 없다. 바닥에나 앉아라.

이제는 누구도 너를 매력적이라,
매혹적이라 부르지 않는다. 현실을 받아들여라.
일자리를 찾아라. 무슨 일이든.
하수도나 화장실 청소 같은 일이라도 찾아보아라.
드레스와 스카프는 전당포에 맡기고
작업복으로 갈아입어라. 파티는 끝났다.
너는 알몸으로 거리에서
저급한 조롱을 당하리라.
보복의 때가 왔다. 내가 보복을 행하리라.
누구도 빠져나갈 수 없다.”

4-13 우리의 속량자,
그 이름이 만군의 **하나님**이신, ‘이스라엘의 거룩하신 분’께
서 말씀하신다.
“딸 갈대아야,
입 다물고 비켜서라.
이제 너는 더 이상
‘만국의 으뜸’이라 불리지 않을 것이다.
나는 내 백성에게 질렸고,
내 자손에게 넌더리가 났다.
그래서 그들을 네게 넘겨주었다.
그런데 너는 전혀 동정심이 없었다.
너는 나이 든 노인들까지도

무자비한 중노동을 시켰다.

너는 '내가 최고야.

나는 만인의 영원한 연인'이라고 말했다.

너는 어떤 것도 진지하게 받아들이지 않고, 어떤 것도 마음에 새기지 않았다.

내일을 생각하지 않고 하루하루를 살았다.

그러니 방탕한 여인아, 이제부터라도 생각을 가져라.

너는 세상의 중심인 양 굴면서

속으로 '내가 최고다. 나 말고 누가 있나.

나는 과부가 될 일도, 자녀를 잃을 일도 없다'고 으스댄다.

그러나 그 두 가지 일이 동시에 네게 닥칠 것이다.

한날에, 느닷없이,

너는 남편과 자식을 잃게 될 것이다.

그 많은 마력과 매력을 갖고도, 속절없이 모두를 잃게 될 것이다.

너는 '누가 보랴' 하며

대담하고 속편하게, 악하게 살았다.

스스로 똑똑하다고, 모르는 것이 없노라 여겼다.

대단한 망상이다!

속으로 '내가 최고다. 나 말고 누가 있나'며 으스대던 너에게,

파멸이 임한다.

네 매력으로 막지 못한다.

재난이 들이닥친다.

네 마력으로도 쫓아내지 못한다.

대재앙이, 대대적인 재난이 돌연히 닥친다.

너는 그저 망연자실할 뿐이다!

그러나 포기하지 마라. 네 커다란 마법 창고에

아직 시도해 보지 않은 무엇이 남아 있을지 모르니.

하루 이틀 해온 일이 아닐 테니,

분명 무엇 하나는 통하는 것이 있지 않겠느냐?

온갖 시도를 해보느라 이제 지쳤다는 것을 안다만,

그래도 포기하지 마라.

점성가들, 별을 뚫어져라 쳐다보는 자들을 불러 보아라.

이런 일에 능한 자들이니 뭔가 대책을 내놓지 않겠느냐!

14-15 그러나 가망이 없구나.

지푸라기라도 잡으려 한다만,

그것마저 맹렬한 불에 타고 있다.

너의 '전문가들', 그 불구덩이 안에 갇힌 채, 나오지 못한다.

그 불은 고깃국이나 끓이고,

추위나 녹이는 불이 아니다!

평생 너와 한통속이었던 네 친구와 동료들,

그 마술사와 마법사들이 처할 운명이 바로 이러하다.

그들, 어찌할 바를 몰라 자기들끼리 부딪힌다.

너를 도울 수 있는 형편이 아니다."

하나님께서 새 일을 약속하시다

48

1-11 "야곱 가문아, 이스라엘이라는 이름으로 불리는 너희여,

이제 귀 기울여 들어라.

너희를 유다의 허리에서 시작게 한 이가 누구냐?

너희는 **하나님**의 이름으로 맹세하고

이스라엘의 하나님께 기도한다만,

그것이 진심이냐?

맹세한 대로 실천하느냐?

너희는 스스로를 거룩한 도성의 시민이라 주장한다.

이스라엘의 하나님,

그 이름이 만군의 **하나님**이신 분을 의지하는 것처럼 군다.

지금까지 나는 오랫동안 너희와 함께해 왔다.

내가 무슨 일을 할지 미리 너희에게 일러 주었고,

그 일을 행했으며, 실제로 일이 이루어졌다.

너희는 마음이 완고하고 얼굴에 철판을 깐

고집불통들이다. 나는 그 사실을 잘 알고 있다.

그래서 일이 일어나기 전에 먼저

무슨 일이 있을지 너희에게 미리 알려 준 것이다.

그러니 너희는 이제 와서

'이는 내 신-우상이 한 일이다'

'내가 제일 좋아하는 조각신상이 명령한 일이다'라고 말할

수 없다.

너희는 모든 증거를 보았다.

너희 눈과 귀로 직접 확인했다.

그런데 왜 그렇게 잠자코 있느냐?

그러나 이것은 시작일 뿐이다.

너희에게 말해 줄 일들이 아직 많이 남아 있다.

너희가 전혀 들어 보지 못한 일들이다.

같은 바탕에 무늬만 새로워진 것이 아니라

전적으로 새로운 일,

너희가 짐작도 못하고 꿈도 꾸지 못한 일이다.

듣고서 '익히 알고 있던 내용'이라고 말할 수 없는 일이다.

그동안 너희는 내 말을 귀담아듣지 않았다.

늘 나를 무시해 왔다.

변덕이 죽 끓듯 한 너희는,

타고난 반역자들이었다.

그러나 나는 선한 마음으로

내가 나인 이유로,

그동안 노를 참으면서 분을 터뜨리지 않았다.

나는 너희에게서 손을 떼지 않는다.

내가 한 일을 보느냐?

나는 너희를 정련시켜 왔다. 불로 그렇게 했다.

은처럼 시련의 용광로 속에서 시험했다.

내가 하는 일의 근거는 바로 나다. 내가 나인 이유로 그 일
을 한다.

내게는 지켜야 할 명성이 있다.
나는 그 누구에게도 주연 자리를 내주지 않는다.

12-13 야곱아, 들어라. 이스라엘아, 들어라.
나는 네게 이름을 지어 준 바로 그다!
내가 그다.
내가 모든 일을 시작했고, 내가 결말지을 것이다.
땅은 내가 만든 작품이다.
하늘도 내가 만들었다. 이쪽 끝에서 저쪽 끝까지.
내가 말하면, 그들은 벌떡 일어나 귀를 기울인다.

14-16 모두 모여서 들어 보아라.
신들 가운데 이 소식을 너희에게 전해 준 이가 있더냐?
나 **하나님**이 그 사람 고레스를 사랑하며,
그를 통해 바빌론을 향한 나의 뜻을 펼칠 것이다.
그렇다. 내가 말했다. 내가 그를 불러냈다.
내가 그를 이곳으로 데려왔다. 그는 성공할 것이다.
가까이 다가와 귀 기울여 들어라.
나는 그동안 너희에게 무엇을 숨긴 적이 없다.
나는 늘 너희와 함께했다."

백성을 인도하시는 하나님

16-19 이제, 주 **하나님**께서 나를 보내셨고 그분의 영도 함께

보내시며
메시지를 전하신다. 너의 속량자,
이스라엘의 거룩하신 분 **하나님**께서 말씀하신다.
"나는 **하나님**, 너의 하나님이다.
나는 네게 의롭고 복된 삶을 가르치며,
네가 해야 할 일과 가야 할 길을 보여주는 이다.
네가 그동안 내 말을 귀 기울여 들었더라면,
네 삶은 풍성한 강물처럼 넘실거리고
축복이 파도처럼 밀려들었을 것이다.
자녀와 손자손녀를 비롯한
자손들이 모래알처럼 많아졌을 것이다.
대가 끊어지거나
나와의 관계가 끊어질 위험은 없었을 것이다."

20 바빌론에서 나오너라! 바빌론 사람들에게서 도망쳐라!
소식을 알려라. 외쳐라.
세상에, 온 세상에 알려라.
"**하나님**께서 그분의 사랑하는 종 야곱을 속량하셨다!"고 전
하여라.

21 그분의 인도로 광야를 지날 때, 그들은 목마르지 않았다.
그분이 바위에서 물이 쏟아져 나오게 하셨다.
그분이 바위를 쪼개시니, 물이 솟구쳐 나왔다.

²² **하나님께서 말씀하신다.** "악인에게는 평화가 없다."

내가 너를 통해 빛을 발하리라

49

¹⁻³ 먼 바다 섬들아, 들어라.
먼 나라 백성들아, 주목하여라.
하나님께서는 내가 태어난 날부터 내게 일을 주셨고,
내가 세상에 들어오자마자 내게 이름을 지어 주셨다.
칼처럼 베고 창처럼 꿰뚫는 언변을 내게 주셨으며,
당신 손으로 늘 나를 지켜 주셨다.
나를 당신의 곧은 화살로 삼으시고
당신의 화살통 속에 숨기셨다.
그분이 내게 말씀하셨다. "너는 내 사랑하는 종,
이스라엘이다. 내가 너를 통해 빛을 발하리라."

⁴ 그러나 내가 말했다. "내가 한 일은 다 헛수고였다.
평생을 애썼지만 내놓을 만한 것은 하나도 없다.
그러나, 최종판단은 **하나님께** 맡기련다.
그분의 판결을 기다릴 것이다."

⁵⁻⁶ **하나님께서 말씀하신다.**
그분께서 내가 태어난 순간부터 나를 붙잡아
당신의 종으로 삼으시고,
야곱을 당신께로 다시 데려와

이스라엘을 재결합시키는 일을 맡기셨다.
하나님 앞에서 이 얼마나 영광스런 일인가!
하나님은 나의 힘이시다!
그분께서 말씀하신다. "이제 야곱 지파들을 회복하고,
이스라엘의 길 잃은 자들을 한데 모으는 일은,
나의 종에게 오히려 가벼운 일이다.
너로 하여금 모든 민족을 위한 빛으로 세워,
나의 구원을 '전 세계'에 퍼뜨릴 것이다!"

7 **하나님**, 이스라엘의 속량자, 이스라엘의 거룩하신 분께서
남들에게 멸시받는 자들, 민족들에게 발길질당하는 자들,
지배층에 종살이하는 자들에게 말씀하신다.
"너를 보면 왕과 제후들이 자리에서 일어날 것이며,
땅에 엎드려 경의를 표할 것이다.
신실하게 약속을 지킨 **하나님**,
너를 택한 '이스라엘의 거룩한 이' 때문이다."

8-12 **하나님**께서 말씀하신다.

"때가 되면, 내가 너희에게 응답할 것이다.
승리를 거둘 때가 되면 너희를 도울 것이다.
너희를 빚어 내고 너희를 들어서 내 일을 행할 것이다.
사람들을 다시 내게로 연결시키고,

땅의 질서를 바로잡으며,

폐허가 된 땅에서 다시 새 삶을 시작하게 할 것이다.

감옥에 갇힌 자들에게 '나오너라. 이제 너희는 자유의 몸이

다!'라고 말하고,

무서워 몸을 웅크리는 자들에게

'이제 괜찮다. 안전하다'고 일러 주리라.

그들, 돌아오는 길 내내 먹을 것이 부족하지 않겠고,

언덕마다 소풍을 즐길 것이다.

누구도 주리지 않고, 누구도 목마르지 않으며,

볕을 피할 그늘과 바람을 피해 쉴 곳을 얻으리라.

나, 자비한 이가 그들의 길 안내자가 되어,

그들을 가장 좋은 샘으로 인도할 것이기 때문이다.

내가 나의 모든 산이 길이 되게 하고,

그것들을 대로로 바꾸어 놓을 것이다.

보아라, 저기 먼 나라에서 오는 자들,

저기 북쪽에서 오는 자들,

저기 서쪽에서 몰려오는 자들,

저기 나일 강을 따라 내려오는 자들!"

¹³ 하늘들아, 지붕이 떠나갈 듯 소리 질러라!

땅들아, 죽은 자들도 깨울 듯 크게 외쳐라!

산들아, 환호성을 올려라!

하나님께서 당신의 백성을 위로해 주셨다.

이리저리 두들겨 맞은 백성을 어루만지며 돌보아 주셨다.

¹⁴ 그런데 시온은 말한다.
"글쎄, 나는 잘 모르겠는데. **하나님**은 나를 버리셨어.
나의 주님은 내가 존재한다는 사실조차 잊으셨어."

¹⁵⁻¹⁸ "어찌 어머니가 자기 품속의 젖먹이를 잊을 수 있으며,
자기가 낳은 아기를 버릴 수 있겠느냐?
설령 그럴 수 있다 해도,
나는 결코 너를 잊지 않을 것이다.
보아라, 내가 내 손바닥에 네 이름을 새겨 두었다.
나는 네가 다시 세우는 그 성벽들에서, 결코 눈을 떼지 않을
것이다.
너를 세우는 자들은 너를 무너뜨린 자들보다 더 신속하다.
파괴자들은 영원히 사라졌다.
위를 올려다보아라. 주위를 둘러보아라. 눈을 크게 뜨고 보
아라!
보이느냐? 네게 몰려오고 있는 저들이?"
하나님의 포고다. "살아 있는 나 하나님을 두고 맹세하는데,
너는 저들을 보석처럼 몸에 두르리라.
저들로 신부처럼 몸을 치장하리라.

¹⁹⁻²¹ 폐허가 된 네 땅에 대해 묻느냐?

살육이 자행된 그 황폐한 땅에 대해 묻느냐?
그 땅은 도저히 주체 못할 만큼 많은 사람들로 북적거릴 것이다!
야만스런 원수들, 기억에도 남지 않으리라.
유랑시절에 태어난 자녀들이 네게,
'여기는 너무 비좁아요. 더 넓은 장소가 필요해요'라고 할 것이다.
그때 너는 혼잣말로,
'아, 이 많은 아이들이 어디에서 왔는가?
다 잃고 아무 가진 것 없던 빈털터리 유랑민이었던 나인데,
누가 이 아이들을 길러 주었나?
이 아이들, 어떻게 여기 있게 되었나?' 할 것이다."

22-23 주 **하나님**께서 말씀하신다.

"보아라! 내가 민족들에게 신호를 내린다.
내 백성을 소환하려고 깃발을 쳐든다.
이곳으로 그들이 오리라. 여자들은 어린 아들을 품에 안고,
남자들은 어린 딸을 목말 태우고 올 것이다.
왕들이 너의 유모가 될 것이요,
공주들이 너의 보모가 될 것이다.
그들이 자원하여 네 허드렛일을 할 것이다.
네 마루를 닦고 네 **빨래**를 해줄 것이다.
그러면 너는, 내가 **하나님**이라는 것을 알게 되리라.
나에게 희망을 두는 자는 결코 후회하는 법이 없다."

²⁴⁻²⁶ 거인에게 빼앗긴 것을 되찾아 올 수 있겠느냐?
폭군의 손에서 포로들을 빼내 올 수 있겠느냐?
그러나 하나님께서 말씀하신다. "거인이 약탈품을 움켜쥐고
폭군이 내 백성을 죄수로 붙잡고 있어도,
내가 네 편에 서서
너를 위해 싸워 네 자녀들을 구해 줄 것이다.
그러면 네 원수들은 미쳐서 발악하며
자기들끼리 죽이다 멸망하리라.
그러면 모두가 알게 되리라. 나 하나님이,
나 '야곱의 전능자'가 너를 구원하였음을."

누구, 하나님을 경외하는 자 있느냐?

50

¹⁻³ **하나님께서 말씀하신다.**

"내가 너희 어머니를 쫓아냈느냐?
그 사실을 증명하는 이혼증서를 제시할 수 있느냐?
내가 너희를 팔아 넘겼느냐?
그 영수증을 제시할 수 있느냐?
너희는 당연히, 하지 못한다.
너희가 이 지경에 처한 것은 너희 죄 때문이다.
너희가 타국살이를 하게 된 것은 너희 잘못 때문이다.
내가 문을 두드렸을 때 왜 아무도 나오지 않았느냐?
내가 불렀을 때 왜 아무도 응답하지 않았느냐?

너희는 내가 돕는 법을 잊기라도 했다고 생각하느냐?
이제는 노쇠해 구원할 힘이 없다고 생각하느냐?
내 힘은 여전하다.
전에 했던 일을 뒤집어 버릴 수도 있을 만큼 여전하다.
지금 나는 말 한 마디로 바다를 말릴 수 있고
강을 모래사막으로 바꿀 수 있으며,
물고기들을 전부 뭍으로 올려
악취를 풍기며 말라 죽게 할 수도 있고,
하늘의 빛들을 모조리 끄고
커튼을 드리워, 하늘을 덮어 버릴 수도 있다."

❧

4-9 주 **하나님**께서 내게
학자의 혀를 주셔서,
지친 사람들에게 힘을 불어넣게 하셨다.
그분이 아침마다 나를 깨우시고
나의 귀를 열어 주셔서, 명을 받드는 자처럼
주의 말씀을 듣고 순종하게 하셨다.
주 **하나님**께서 내 귀를 열어 주셨으니,
내가 도로 잠들거나
이불을 뒤집어쓰지 않았다.
나는 명을 따랐고,
매를 맞아도 견뎠으며,

수염이 뽑힐 때도 가만히 있었다.
사람들이 조롱해도 숨지 않았고,
내 얼굴에 침을 뱉을 때도 피하지 않았다.
주 **하나님**께서 언제나 함께 계셔 나를 도우시니,
내가 수치를 당하지 않는다.
결코 후회 없으리라 확신하기에,
내가 얼굴을 굳게 한다.
나의 옹호자께서 여기 나와 함께 계시니,
분명한 입장을 취해 보자!
누가 감히 나를 고소하겠느냐?
어디 한번 해보라고 하여라!
보아라! 주 **하나님**이 여기 계신다.
누가 감히 나를 정죄하겠느냐?
보아라! 나를 고소하는 자들은 누더기들이다.
좀에게 먹힐 자들이다!

❀

10-11 누구, **하나님**을 경외하는 자 있느냐?
그분의 종의 음성에 진정으로 귀 기울이는 자 있느냐?
어디로 가는지도 모르고 가는 자여,
어둠 속을 헤매는 자여,
여기 길이 있다. **하나님**을 신뢰하여라.
너희 하나님을 의지하여라!

너희가 계속 말썽을 피우고
불장난을 하면,
결국 어떻게 될지 두고 보아라.
불을 피우고, 사람들을 충동질하고, 불꽃을 키워 보아라.
내가 서서 가만히 지켜만 보고 있으리라 생각지 마라.
나는 너희를 그 불구덩이 속으로 밀어 넣을 것이다.

이제 고통이 끝나고

51 1-3 "의를 따르며 **하나님** 찾는 일에 매진하는 너
희여,

내게 귀 기울여라.
너희가 떨어져 나온 그 바위에 대해,
너희가 캐내어진 채석장에 대해 깊이 생각하여라.
너희 조상 아브라함,
너희를 낳아 준 사라에 대해 깊이 생각하여라.
생각해 보아라! 내가 불렀을 때 그는 혼자였지만,
내가 축복하자, 수많은 자손이 생겼다.
이와 같이, 나 **하나님**이 시온도 위로해 주리라.
그 폐허들을 어루만져 줄 것이다.
죽은 땅을 에덴으로,
황무지를 **하나님**의 동산으로 변화시킬 것이다.
열매와 웃음 가득한 곳,
감사와 찬양이 가득한 곳으로 바꾸어 놓을 것이다.

4-6 내 백성아, 주목하여라.
민족들아, 내게 귀 기울여라.
내게서 계시가 흘러나오고,
나의 결정들이 세상을 밝혀 준다.
나의 구원이 빠르게 달려오며,
나의 구원하는 일이 제때에 이루어진다.
내가 민족들에게 정의를 베풀 것이다.
먼 섬들도 나를 바라보며,
내 구원의 능력에 희망을 둘 것이다.
하늘을 올려다보며,
네 발아래 있는 땅을 깊이 생각하여라.
하늘은 연기처럼 사라질 것이며,
땅은 작업복처럼 해어질 것이다.
사람들은 하루살이처럼 죽어 나가겠지만
나의 구원은 다함이 없으며,
세상을 바로잡는 나의 일은 결코 쇠하지 않을 것이다.

7-8 자, 들어라, 옳고 그름을 구분하며
나의 가르침을 마음속에 담고 사는 너희여.
모욕당하는 일에 개의치 말며, 조롱 앞에서
의기소침하지 마라.
그 모욕과 조롱 고리타분하며,
공허한 소리에 지나지 않는다.

그러나 세상을 바로잡는 나의 일은 계속된다.
나의 구원은 끝없이 진행된다."

9-11 깨어나십시오. 깨어나십시오. **하나님**, 맹위를 떨치십시오!
오래전, 그 옛날처럼 깨어나십시오.
그때 주께서는 라합을 완전히 제압하시고,
옛 용, 혼돈을 단칼에 해치우지 않으셨습니까?
주께서는 그 바다,
깊고도 강력한 물을 말려 버리시고
대양의 바닥에 길을 내셔서,
속량받은 자들이 그리로 건너가게 하지 않으셨습니까?
바로 그렇게, **하나님**께서 속량하신 자들이 이제 돌아올 것
입니다.
환호성을 외치며 시온으로 돌아올 것입니다.
영원한 기쁨이 화환처럼 그들의 머리를 두르고,
모두가 넘치는 희열에 도취될 것입니다.
탄식과 신음은 흔적도 없이 사라질 것입니다.

12-16 "나, 나는 너희를 위로하는 이다.
그런데 너희는 대체 무엇을, 누구를 두려워하느냐?
죽을 목숨에 불과한 인간들을?
흙먼지로 돌아갈 가련한 인생들을?
너희는 나를 잊었구나. 너희를 만들고

하늘을 펴서 땅의 기초를 놓은 나, 하나님을 잊고서는,
자기가 세상을 쥐고 흔든다고 착각하는
성질 사나운 폭군 앞에서,
사시나무 떨듯 떨고 있구나.
그러나 그가 무엇을 할 수 있을 것 같으냐?
너희가 생각지도 못한 사이에, 희생자들은 풀려나 자유의
몸이 될 것이다.
그들은 죽지 않고
주리지도 않을 것이다.
나는 바다를 뒤흔들고 파도를 일으키는,
만군의 하나님, 바로 너의 하나님이기 때문이다.
내가 네게 한 마디 한 마디 말을 가르치고
친히 돌보아 주리라.
나는 하늘을 펴고
땅에 단단한 기초를 놓고서,
'환영한다, 내 백성아!' 하며 시온을 맞이할 것이다."

17-20 그러니 깨어나라! 눈 비비고 잠에서 깨어나라!
예루살렘아, 일어나 서라!
너는 하나님이 주신 잔,
그 진노의 독주를 마셨다.
마지막 한 방울까지 남김없이 마시고 나서
비틀거리다 쓰러졌다.

그런데 너를 집에 데려다 주는 자가 없다.
친구들이나 자녀들 중에도
너를 부축해서 침대에 눕혀 주는 자 없다.
너는 화에 화를 당했으나,
누구, 네게 마음을 써 주는 자 있느냐?
폭행과 구타를 당하고, 굶주림과 죽음이 코앞에 있건만,
누구, 너를 위로해 주는 자 있느냐?
너의 아들과 딸들은 기절한 토끼들마냥
제정신을 잃고 길거리에 쓰러졌다.
하나님의 진노, 네 하나님의 진노의 독주를 마시고
쓰러져 잠을 자고 있다.

21-23 그러니 잘 들어라, 너,
포도주를 마신 것도 아닌데
숙취로 머리가 빠개질 듯 아픈 자여.
너의 주님, 너의 **하나님**께서 네게 하실 말씀이 있으시다.
너의 하나님께서 자기 백성의 사정을 들어주셨다.
"보아라. 네가 비틀거리도록 마시게 했던 그 술을 이제 내가
거둔다.
이제 너는 더 이상 내 진노의 술잔을 마시지 않으리라!
나는 그 잔을 네 압제자들에게 보냈다.
'바닥에 엎드려! 우리가 밟고 지나가겠다'고 네게 명령하던
자들에게.

그 명령에 따를 수밖에 없었던 너는,
바닥에 납작 엎드려 먼지처럼 짓밟혔다."

하나님께서 예루살렘을 속량하시다

52 ¹⁻² 깨어나라, 깨어나라! 시온아, 너의 신발 끈을 동여매라!

예루살렘, 거룩한 성읍아, 너의 가장 좋은 옷을 꺼내 입어라!
하나님께 무관심하던 자들, 다 가려내었다.
다시는 나타나지 못할 것이다.
포로로 잡혔던 예루살렘아, 먼지를 털고 일어서라!
포로로 잡혔던 딸 시온아, 사슬을 벗어던져라!

³ **하나님**께서 말씀하신다. "너희가 값없이 팔려 갔으니, 이제 값없이 속량될 것이다."

⁴⁻⁶ 주 **하나님**께서 다시 말씀하신다. "전에 내 백성은 이집트로 가 그 땅에서 이방인으로 살았다. 후에는 앗시리아가 그들을 억압했다. 그런데 지금 내가 보는 이것은 또 무엇이냐?" **하나님**의 포고다. "내 백성이 또다시 아무 이유 없이 끌려갔다. 폭군들이 길길이 날뛰고, 내 이름은 매일같이 모욕당한다. 이제 내 백성에게 내가 누구인지, 내가 어떤 존재인지 알릴 때가 되었다. 그렇다. 내가 할 말이 있다. 내가 여기 있다!"

7-10 얼마나 아름다운가,

기쁜 소식을 들고 산을 넘는 이의 발이여!

모든 것이 잘되었다 전하고,

좋은 세상이 열렸다 선포한다. 구원을 선언하면서

시온에게 "이제 하나님이 통치하신다!" 일러 준다.

저 목소리들! 들어 보아라!

너의 정찰병들이 외치는 소리, 우레와 같은 소리,

환희 가득한 합창소리다.

그들이 본다.

하나님께서 시온으로 돌아오시는 광경을 똑똑히 본다.

노래를 터뜨려라! 예루살렘의 폐허들아, 노래를 꽃피워라.

"**하나님**께서 자기 백성을 위로해 주셨다!

그분이 예루살렘을 속량하셨다!"

하나님께서 당신의 소매를 걷어붙이셨다.

그분의 거룩한 팔, 그 억센 팔뚝을 모든 민족이 보게 되리라.

땅의 이쪽 끝에서 저쪽 끝까지, 모두가 보게 되리라.

그분께서 일하시는 광경, 그분께서 당신의 구원을 이루시는

광경을 보게 되리라.

11-12 여기서 나가라! 여기서 나가라! 이곳을 떠나라!

뒤돌아보지 마라. 약탈로 너를 더럽히지 마라.

그냥 떠나라. 깨끗이 떠나라.

하나님의 거룩한 기물을 나르는 예배 행렬이니, 스스로를

정결케 하여라.

서두를 것 없다.

너희는 도망치는 길이 아니니!

하나님께서 앞장서 너희를 이끌어 주시리라.

이스라엘의 하나님께서 너희 뒤도 맡아 지켜 주시리라.

우리의 고통을 짊어지셨네

13-15 "나의 종을 보아라! 활짝 피어난 모습,

우뚝 솟은 군계일학이다!

시작은 그렇지 못했다.

처음에는 모두가 질겁했다.

알아볼 수 없을 만큼 망가진 흉한 그 얼굴,

사람의 모습이 아니었다.

이제 온 세상 모든 민족들이 놀라고 두려워하리라.

왕들이 그를 보고, 충격에 입을 다물지 못하리라.

들어 보지도 못한 일을 목도하고,

생각지도 못한 일을 눈앞에서 보게 될 것이기 때문이다."

53

¹ 우리가 듣고 본 이 일을 믿은 자 있었느냐?

하나님의 구원하시는 능력이 이런 것일 줄 상상

이라도 해본 자 있었느냐?

2-6 하나님 앞에서 자라난 그 종,
바싹 마른 땅에 심긴 앙상한 묘목, 왜소한 초목 같았다.
아무 볼품없고
보잘것없었다.
멸시받고 무시당하며,
고난을 아는 사람, 고통을 몸소 겪은 사람이었다.
그를 보면 사람들은 고개를 돌렸다.
우리는 그를 멸시했고, 벌레 취급했다.
그러나 그는, 질고를 짊어지고 가는 사람이었다.
우리의 고통, 우리의 추함, 우리의 모든 잘못을.
우리는 그가 제 잘못 때문에 저렇게 되었다고,
자기 잘못 때문에 하나님께 벌을 받는 것이라고 생각했다.
그러나 실은, 우리의 죄 때문이었다.
그가 찢기고, 깨지고, 밟힌 것은, 우리의 죄 때문이었다!
그가 벌을 받아들였기에 우리가 온전해졌고,
그가 입은 상처를 통해 우리가 치유를 받았다.
우리는 길 잃고 방황하는 양들같이
다 제멋대로 제 갈 길로 갔지만,
하나님은 우리의 모든 죄, 모든 잘못을
그에게 지우셨다. 그에게.

7-9 두들겨 맞고 고문을 당했어도,
그는 아무 말이 없었다.

도살장에 끌려가는 어린양처럼,
털 깎이는 어미 양처럼,
잠잠히 있었다.
정의가 죽고, 그가 붙들려 갔건만,
진상을 알았던 자 있느냐?
자기 안위는 조금도 돌보지 않았던, 그가 죽었다.
피투성이가 되도록 얻어맞았다. 내 백성의 죄를 위해.
누구도 해코지하지 않고
어떤 거짓도 말한 적 없는데도,
그는 악인들과 함께 묻혔고,
어느 부자와 함께 무덤에 뉘었다.

10 그러나 그를 그렇게 고통으로 짓누른 것은,
하나님께서 뜻하신 바였다.
그로 하여금 자신을 속죄 제물로 내어주어
거기서 나오는 생명, 그 끝없는 생명을 누리게 하시려는 계
획이었다.
하나님의 계획은 그를 통해 온전하게 이루어지리라.

11-12 그 극심한 영혼의 산고 끝에,
그는 자신이 해낸 값진 일을 보며 기뻐하게 되리라.
나의 이 의로운 종이 겪은 일을 통해
의로운 이들이 많이 생겨나게 되리라.

그가 그들의 죄 짐을 대신 짊어지기 때문이다.

그러므로 내가 그에게 넘치는 상을 베풀리라.

최고의 것, 최고의 영예를 주리라.

그가 죽음과 맞서 뒤로 물러나지 않았고,

가장 낮은 이들과 기꺼이 친구가 되었기 때문이다.

그는 많은 사람들의 죄를 자기 어깨에 짊어졌고,

모든 문제아를 위해 발 벗고 나서 주었다.

하나님의 영원한 사랑

54

1-6 "아이를 가져 본 적 없는 불임의 여인아, 노래 불러라.

너, 아이 낳아 보지 못한 여인아, 목청 높여 불러라!

결국에는 네가, 아이 있는 모든 여인보다

더 많은 아이를 갖게 되리라." **하나님의 말씀이다!**

"너의 장막 터를 더 넓게 잡아라!

장막을 넓혀라. 더 넓게 펼쳐라! 생각의 폭을 넓혀라!

줄을 기다랗게 늘이고

말뚝을 깊이 박아라.

가족이 늘어

더 넓은 공간이 필요하게 되리라.

너는 뭇 민족들을 차지하게 될 것이다.

버려진 성읍이 다시 주민들로 북적이게 될 것이다.

두려워하지 마라. 다시는 쩔쩔맬 일 없으리니.

주저하지 마라. 다시는 벽에 부딪힐 일 없으리니.
네 젊었을 적 당한 수치들, 다 잊을 것이다.
과부였을 적 받은 모욕들, 기억에서 모두 사라질 것이다.
너를 지은 이가, 이제 너의 신랑이기 때문이다.
그 이름, 만군의 하나님!
너를 속량한 이는 '이스라엘의 거룩한 이'
온 땅의 하나님이다.
버림받은 아내 같았던 너, 비탄에 빠진 폐인이었던 너를
나 하나님이 다시 맞아들였다.
너는 젊어서 결혼했다가
버림받은 여인 같았다." 너의 하나님의 말씀이다.

7-8 너의 속량자 하나님께서 말씀하신다.

"내가 너를 버렸다만, 잠시였다.
이제 말할 수 없이 큰 연민으로 너를 다시 데려온다.
나의 노가 폭발하여 네게 등을 돌렸다만,
잠시였다.
이제 나는 너를 품에 안고 돌보아 준다.
나의 사랑은 무궁하기 때문이다.

9-10 이 유랑은 나에게 이전 노아 때와 같다.
그때 내가, 다시는 노아의 홍수가

땅을 범람하지 않으리라 약속했다.
이제 내가 더 이상 진노하지 않고,
더는 너를 혼내지 않으리라 약속한다.
설령 산들이 너를 떠난다 해도
언덕들이 산산조각 난다 해도
나의 사랑은 결코 너를 떠나지 않을 것이며,
나의 굳은 평화의 언약은 결코 깨지지 않을 것이기 때문이다."
너를 가엾게 여기시는 **하나님**의 말씀이다.

11-17 "풍파에 시달려도 동정하는 자 없던 도성아,
이제 내가 터키석으로 너를 재건하려 한다.
청보석으로 기초를 놓고,
홍옥으로 망루를 세우며,
성문은 보석으로
성벽은 보옥으로 지을 것이다.
네 자녀들에게 **하나님**이 직접 선생이 되어 줄 것이다.
이 이상의 멘토가 어디 있겠느냐!
너는 의에 기초해 굳게 세워지리라.
고난은 이제 멀리 물러갔다. 두려워할 것 전혀 없다!
폭압도 멀리 물러갔다. 네 근처에 얼씬거리지도 않을 것이다!
설령 누가 너를 공격한다 해도,
결코 내가 그들을 보냈다고는 생각지 마라.
공격받는다 해도

아무 일 없을 것이다.

내가 대장장이를 창조했고,

그가 용광로에 불을 붙여

살상 무기를 만들어 낸다.

나는 파괴자도 창조했다.

그러나 너를 해할 수 있는 무기는 누구도 만들지 못한다.

누구든지 너를 고소하는 자는

거짓말쟁이로 판정받고 패소할 것이다.

하나님의 종들은 이 일들을 기대해도 좋다.

나는 모든 일이 협력하여 결국 최선이 되게 할 것이다."

하나님의 포고다.

너희 목마른 자들아

55

¹⁻⁵ "거기! 목마른 자들아,

모두 물로 나아오너라!

무일푼이냐?

상관없으니 오너라. 와서 사 먹어라!

와서, 너희 마실 것을 사라. 포도주와 젖을 사라.

돈 없이 사라. 모든 것이 무료다!

어째서 너희는 아무 영양가 없는 것들에 돈을 낭비하며,

힘들게 번 돈을 불량식품에 허비하느냐?

내 말을 들어라. 귀담아들어라. 가장 좋은 것만 먹고,

최고의 먹거리로만 배를 채워라.

주목하여라. 이제 가까이 다가와서
생명을 주는 나의 말, 생명을 길러 내는 나의 말에 귀 기울
여라.
내가 너희와 영원히 굳은 언약을 맺으려 한다.
전에 다윗과 맺은 언약과 같은, 확실하고 굳건하며 영속적
인 사랑의 언약을 맺으려 한다.
나는 그를 민족들에게 보내는 증인으로 세웠고,
그를 민족들의 지배자요 지도자로 만들었다.
이제는 너희를 그렇게 만들려고 한다.
너희는 한 번도 들어 보지 못한 민족을 불러 모을 것이며,
너희를 알지 못하는 민족들이 다 너희에게 달려올 것이다.
나, 너희 **하나님** 때문이다.
'이스라엘의 거룩하신 이'가 너희를 높여 주었기 때문이다."

6-7 가까이 계실 때 **하나님**을 찾아라.
옆에 계실 때 그분께 기도하여라.
불의한 자들은 불의한 생활방식을 버리고
악한 자들은 악한 사고방식을 버려라.
그리고 **하나님**께 돌아오너라. 그분은 자비하시다.
우리 하나님께로 돌아오너라. 그분은 아낌없이 용서를 베푸
신다.

8-11 "나는 너희가 생각하는 방식으로 생각하지 않는다.

나는 너희가 일하는 방식으로 일하지 않는다."
하나님의 포고다.
"하늘이 땅보다 높은 것처럼
내가 일하는 방식은 너희의 방식을 초월하며,
내가 생각하는 방식은 너희의 방식을 뛰어넘는다.
하늘에서 내리는 비와 눈이
땅을 적시고
만물을 자라고 꽃피우게 하며,
농부들에게 씨를 주고
굶주린 자들에게 먹을 것을 주고 난 다음에야 하늘로 돌아
가듯이,
나의 입에서 나오는 말들도
결코 빈손으로 돌아가지 않는다.
나의 말들은 내가 계획한 일을 이루며,
내가 맡긴 임무를 완수한다.

12-13 그러므로 너희는 기쁨 가운데 나아가,
온전한 삶으로 인도받을 것이다.
산과 언덕들이 앞장서 행진하며
노래를 터뜨릴 것이다.
숲 속 나무들도 모두 환호성을 올리며
그 행진에 동참할 것이다.
엉겅퀴 대신에 거목들이 들어서고,

가시덤불 대신에 장중한 소나무들이 들어서서,

나 **하나님**을 기리는 기념물이 될 것이다.

하나님을 보여주는, 생생하고 영속적인 증거가 될 것이다."

희망의 메시지
구원이 코앞에 다가왔다

56 ¹⁻³ 하나님의 메시지다.

"너희는 바르게 살아라.

구원이 코앞에 다가왔으니,

옳은 일을 행하되 바르게 하여라.

이제, 세상을 바로잡는 나의 일이 펼쳐질 것이기 때문이다.

얼마나 복된가, 이 일에 뛰어드는 자들.

이 일을 환영하고

안식일을 지켜 그날을 더럽히지 않으며,

늘 자신을 살펴 어떤 악도 저지르지 않는 사람들!

하나님을 따르기로 한 이방인들이

'나는 **하나님**의 이등 백성일 뿐

진짜 백성은 아니다'라고 말하는 일이 없게 하여라.

몸이 불편한 자들이,

'나는 폐물일 뿐

진짜 백성은 못된다'고 생각하는 일이 없게 하여라."

⁴⁻⁵ **하나님께서 이렇게 말씀하시기 때문이다.**

"몸에 장애가 있지만 내 안식일을 지키고
내가 기뻐하는 일을 행하며
나의 언약을 굳게 붙드는 자들은,
내가 내 집과 내 성읍에서
높은 자리를 차지하게 할 것이다.
아들과 딸보다도 더 높은 자리에 앉게 할 것이다.
취소되지 않는
영원한 영예를 수여할 것이다.

⁶⁻⁸ 나를 따르기로 한 이방인들,
나를 위해 일하고 내 이름을 사랑하여
나의 종이 되고자 하는 자들,
안식일을 지켜 그날을 더럽히지 않으며
나의 언약을 굳게 붙드는 자들은 누구든지,
내가 나의 거룩한 산으로 데려가
내 기도의 집에서 기쁨을 선사할 것이다.
그들도 나의 백성 유다 사람들과 똑같이
나의 제단에 번제와 희생 제물을 바치며, 마음껏 예배하게
되리라.
그렇다. 나를 예배하는 집은
만민을 위한 기도의 집으로 알려질 것이다."

이스라엘 유랑민을 모아들이시는
주 하나님의 포고다.
"내가 다른 사람들도 모아들여,
이미 모아들인 자들과 함께 있게 할 것이다."

❖

9-12 흉포한 짐승들을 부르신다. 이리 달려오너라.
와서, 저 짐승 같은 야만인들을 잡아먹어라!
이스라엘의 파수꾼이라는 자들이 다 눈멀었다. 모조리 눈멀
었다.
그들은 지금 무슨 일이 일어나고 있는지 모른다.
짖을 줄도 모르는 개들,
백일몽이나 꾸는 게을러빠진 개들이다.
그런데 먹는 데는 아주 밝은 주린 개들,
먹어도 먹어도 만족을 모르는 게걸들린 개들이다.
이스라엘의 목자들이 바로 그들이다!
아무 생각 없고 아무 개념도 없다.
다들 자기 생각뿐이며,
가질 만한 것은 무엇이든 차지하려고 혈안이다.
"오너라." 그들이 말한다. "잔치를 벌이자.
나가서 마시자!"
다음 날도 마찬가지다.
"즐기자!"

지치지도 않고 새 종교를 찾아다니는 너희

57

¹⁻² 그러는 사이 의인들은 하나씩 죽어 나가는데,
아무도 거들떠보지 않는다.
하나님을 경외하는 이들이 하나씩 세상을 떠나는데,
아무도 주목하지 않는다.
그 의인들, 비참함에서 벗어나
마침내 안식을 누린다.
고귀한 삶을 살았던 그들,
마침내 평화를 누린다.

❧

³⁻¹⁰ "그러나 너희 마녀의 자식들아, 이리 오너라!
창녀의 아들들아, 매춘부의 딸들아.
대체 너희가 지금 누구를 비웃고
조롱하며 놀린단 말이냐?
너희가 얼마나 비참한 신세가 될지 알기나 하느냐?
이 반역의 종족, 사기꾼 세대여.
어디든 구석만 있으면 들어가 색욕을 불태우고
내키는 대로 간통을 저지르는 너희다.
굴속이든 바위틈이든,
적당한 곳을 골라 제 자식을 죽이는 너희다.
너는 강가에서 돌을 옮겨 와
음란한 종교 산당을 세운다.

그렇게 너의 운명을 택했다.

너의 예배가 네 운명을 결정한다.

너는 높은 산에 올라

그 더러운 섹스교, 죽음교를 실천했다.

문을 닫아걸고서

너의 애지중지하는 신과 여신들을 불러 모았다.

나를 저버린 채, 밖으로 나돌며 옷을 훌렁 벗고

침상을 예배장소로 삼았다.

신성하다는 창녀들과 침상에 올라

그 벗은 몸뚱이들을 숭배하며

탐닉했다.

너는 네가 받들어 섬기는 신에게 기름을 바르고

네 몸에 향수를 뿌린다.

최신 유행 종교를 물색하러 사절을 보낸다.

지옥에도 갔다 오게 한다.

끝없이 새로운 것, 색다른 것을 시도해 보느라 자신을 허비

하면서도,

너는 그것이 허비인 줄도 모른다.

최신 유행을 좇는 힘은 늘 남아돌아서,

지치지도 않고 새 종교를 찾아다닌다.

11-13 대체 누가 너를 꼬드겨 이런 터무니없는 짓을 하게 했

느냐?

나를 잊게 만들고,
나를 알았다는 사실조차 잊게 만들었느냐?
고함도 지르지 않고 가만있으니
너는 내가 존재하지도 않는다고 생각하는 것이냐?
내가 너의 의로운 종교 행위들을 하나하나 다 파헤쳐,
그것이 얼마나 엉터리인지 폭로하겠다.
가거라. 가서, 네가 모아 둔 우상들에게 도와 달라고 부르짖
어 봐라.
그것들, 바람 한번 불면 다 날아가 버린다.
연기에 지나지 않는 것들이기 때문이다.

그러나 누구든지 내게 달려와 도움을 청하는 자는
땅을 상속받을 것이며,
나의 거룩한 산을 소유하게 되리라!"

❋

¹⁴ 어디선가 음성이 들려온다. "건설하여라, 건설하여라! 길
을 만들어라!
길을 닦아라. 내 백성이 걸어올 길에서
바위들을 치워라."

¹⁵⁻²¹ 영원 안에 사시며
그 이름이 '거룩'이신 분,

지극히 높으신 하나님의 **메시지**다.

"나는 높고 거룩한 곳에 살지만,

또한 기운 잃고 풀죽은 자들과 함께한다.

그들 속에 새로운 영을 불어넣고,

그들을 다시 일으켜 세운다.

나는 끝없이 사람들을 법정에 세우거나,

끊임없이 노하지 않는다.

그렇게 하면, 그들이 용기를 잃고 말 것이고,

내가 창조한 영혼들이 지쳐 주저앉고 말기 때문이다.

나는 노했었다. 이스라엘의 죄로 인해, 몹시 노했었다.

고집스럽게 제멋대로 가는 그들을,

내가 심하게 쳤고, 노하여 등을 돌렸다.

그러나 뒤돌아 그들이 어떻게 지내는지 보면서,

그들을 치유하고 이끌어 주기로, 그들을 위로해 주기로 마음먹었다.

나는 애통하는 그들에게 새로운 언어, 찬양의 언어를 안겨 주련다.

먼 곳에 있는 자들에게도, 가까운 곳에 있는 자들에게도 평화가 있으리라." 하나님께서 말씀하신다.

"그렇다. 내가 그들을 치유해 줄 것이다.

그러나 악한 자들은

폭풍에 요동치는 바다와 같아서,

그 파도가 오물과 진창을 마구 솟구쳐 올린다."

하나님께서 말씀하신다. "악인에게는 평화가 없다."

하나님께서 기뻐하시는 금식

58
1-3 "외쳐라! 목이 터지도록 외쳐라!
조금도 주저하지 마라. 나팔을 불듯 크게 외쳐라!
내 백성의 문제가 무엇인지 말해 주어라.
내 가문 야곱에게 그들의 죄를 들이대어라!
그들은 예배하느라 바쁘다. 늘 바쁘다.
나에 대해 공부하는 것도 무척이나 좋아한다.
겉모습만 보면, 가히 의인들의 나라다.
율법을 지키고 하나님을 높이는 자들 같다.
그들은 내게 '무엇이 옳은 일입니까?'라고 물으며,
나를 자기들 편에 세우기를 좋아한다.
그러면서도 불평한다.
'우리가 이렇게 금식하는데 왜 알아주지 않으십니까?
우리가 이렇게 자신을 낮추는데 왜 거들떠보지도 않으십니까?'

3-5 좋다. 이유를 말해 주겠다.

금식일을 지킨다지만 결국 너희가 추구하는 것은 이윤이다.
너희는 너희 일꾼들을 혹사시킨다.
금식하면서 말다툼과 싸움질을 벌인다.
금식하면서 야비한 주먹을 휘두른다.

그런 금식으로는,
너희 기도는 땅에서 한 치도 올라가지 못한다.
너희는 내가 찾는 금식이 그런 것이라고 생각하느냐?
겸손을 과시하려는 금식?
짐짓 경건한 척 근엄한 표정을 짓고
칙칙한 옷을 입고 무게 잡고 돌아다니는 그런 것?
너희는 그런 것을 금식이라고 말하느냐?
나 **하나님**이 기뻐하는 금식일이라고 말하느냐?

6-9 내가 찾는 금식은 이런 것이다.
불의의 사슬을 끊어 주고,
일터에서 착취를 없애며,
압제받는 자를 풀어 주고,
빚을 청산해 주는 것이다.
또, 내가 너에게서 보고 싶은 모습은 이런 것이다.
굶주린 자들과 음식을 나누고,
집 없고 가난한 자들을 집에 초대하며,
헐벗어 추위에 떠는 자들에게 옷을 주고,
혈육을 외면하지 않고 도와주는 모습이다.
이런 일을 행하여라. 그러면 빛이 쏟아져 들어와,
너의 삶이 순식간에 달라질 것이다.
너의 의가 네 앞서 길을 닦을 것이요,
영광의 **하나님**이 너의 길을 지켜 주실 것이다.

네가 기도할 때 **하나님**이 응답하실 것이다.

네가 도와 달라고 부르짖으면, 내가 '여기 있다' 하고 대답할 것이다.

9-12 만일 네가 불공정한 관행을 없애고,

남을 공연히 비난하는 일

남의 허물을 들추는 일을 그친다면,

또, 네가 굶주린 자들에게 아낌없이 베풀고

밑바닥 사람들을 위해 일하기 시작한다면,

네 삶이 어둠을 뚫고 빛나기 시작할 것이다.

그늘졌던 네 삶에 햇빛이 가득해지리라.

내가 가야 할 네 길을 항상 일러 줄 것이다.

황량하기 그지없는 곳에서도 네 삶은 풍성할 것이며,

내가 너의 근육을 강인하게, 너의 뼈를 튼튼하게 만들어 줄 것이다.

너는 물이 넉넉한 동산,

물이 마르지 않는 샘터 같을 것이다.

너는 허물어졌던 삶의 조각들로 삶을 재건하고,

과거에서 출발해 다시 기초를 세울 것이다.

너는 무엇이든 수리해 내는 자,

오래된 폐허를 복구하고 재건하고 쇄신하는 자,

세상을 다시 살 만한 곳으로 만들어 내는 자로 알려질 것이다.

13-14 만일 네가 안식일에 스스로 조심하고
내 거룩한 날을 이용해 이득을 챙기려 들지 않으면,
네가 안식일을 기쁜 날로 여기고
하나님의 거룩한 날을 즐겁게 보내면,
네가 그날을 귀히 여겨
평일과 똑같이 돈 벌려고 이리저리 뛰어다니지 않으면,
너는 마음껏 **하나님**을 누리게 될 것이다!
내가 너를 높이 뛰게 하며, 높이 날게 할 것이다.
내가 너의 조상 야곱의 유산으로 축제를 벌이게 해줄 것이다."
그렇다! **하나님**의 말씀이다!

빛을 갈망하나 어둠 속에서 비틀거리는 우리

59
1-8 보아라! 들어라!
하나님의 팔은 잘리지 않았다. 여전히 구원하실
수 있다.
하나님의 귀도 막히지 않았다. 여전히 들으실 수 있다.
하나님 편에는 아무 문제가 없다. 문제는 너희에게 있다.
너희의 비뚤어진 삶이 너희와 하나님 사이를 갈라놓았다.
그 사이에 죄가 있기에, 그분이 듣지 않으시는 것이다.
너희 손은 피로 흥건하고,
손가락에서는 죄가 뚝뚝 떨어진다.
너희 입술은 거짓으로 얼룩졌고,
너희 혀는 추잡한 말들로 부풀어 있다.

바른 소리 하는 자 아무도 없고,
공정하게 일을 처리하는 자 아무도 없다.
그들은 헛된 망상을 믿으며, 거짓을 말한다.
그들은 악을 잉태하고 죄를 출산한다.
그들은 뱀 알을 품으며 거미줄을 짠다.
그 알은 먹으면 죽고 깨뜨리면 뱀이 나온다!
그 거미줄로는 옷을 만들지 못한다.
거미줄로 만들어진 옷을 어떻게 입겠는가!
그들은 악독을 짜는 자들,
폭력을 부화시키는 자들이다.
그들은 악행을 두고 서로 경쟁을 벌이며,
살인자의 대장 자리를 놓고 서로 다툰다.
늘 악을 계획하고 모의하며, 늘 악을 생각하고 호흡한다.
그들이 지나간 자리는 줄줄이 인생 파탄이다.
그들은 평화에 대해 아무것도 알지 못한다.
정의에 대해서는 말할 것도 없다.
그들은 길을 비트는 자들이다.
그 길을 따라가는 가련한 자들은 평화에서 멀어질 뿐이다!

9-11 이처럼 우리는 공평과 거리가 멀고,
의로운 삶 근처에도 가보지 못했다.
우리는 빛을 갈망하나 어둠 속으로 가라앉고,
광명을 갈망하나 밤새 흑암 속에서 비틀거린다.

눈먼 자들처럼 벽에 손을 대고 걸으며,
어둠 속에서 더듬거린다.
밝은 대낮에도 허우적거리는 우리,
마치 죽은 자들이 걷는 것 같다.
신음하는 우리, 곰보다 나을 게 없고,
구슬피 우는 우리, 비둘기와 다를 바 없다.
우리는 정의를 갈망하지만, 기미도 보이지 않는다.
구원을 갈망하지만, 낌새도 없다.

12-15 하나님, 우리의 잘못들이 주 앞에 쌓여 있습니다.
우리의 죄들이 일어나 우리를 고발합니다.
우리의 잘못들이 우리를 노려보고 있습니다.
우리는 스스로 행한 일을 너무도 잘 알고 있습니다.
우리는 하나님을 따르지 않았습니다.
하나님을 조롱하고 부인했습니다.
뜬소문을 퍼뜨리며 사람들을 들쑤셨고,
거짓을 품고 다니며 악독을 내뱉었습니다.
정의는 만신창이가 되었고,
의는 구석으로 팽개쳐졌습니다.
진실은 거리에서 비틀거리고,
정직은 종적을 감추었으며,
선한 행실은 실종되었습니다.
악을 멀리하는 이가 구타와 강탈을 당합니다.

15-19 **하나님**께서 보시니, 악이 점점 득세하는데
정의는 흔적도 찾을 수 없었다.
그분은 당신의 눈을 의심하셨다. 아무리 둘러보아도
누구 하나 이 끔찍한 상황을 바로잡으려는 자가 없었기 때문이다.
그래서 그분이 친히 일어나셨다. 당신 자신의 의를 힘입어,
몸소 구원의 과업을 떠맡으셨다.
그분께서 의를 옷처럼 입으셨다.
의를 갑옷처럼 입으시고,
구원을 투구처럼 쓰셨다.
심판을 철갑처럼 두르시고,
열정을 망토처럼 걸치셨다.
그분께서 모두가 그 소행대로 보응을 받게 하실 것이다.
당신의 원수들에게 불같은 노로 응분의 벌을 내리실 것이다.
먼 곳의 섬들도 빠짐없이 대가를 치르게 될 것이다.
서쪽 사람들이 **하나님**의 이름을 두려워하고,
동쪽 사람들도 **하나님**의 영광을 두려워하게 될 것이다.
그분께서 홍수 때의 강물처럼,
하나님의 바람에 휘몰리는 격류처럼 등장하실 것이기 때문이다.

20 "내가 시온에 당도할 것이다.
자기 죄에서 떠난 야곱의 자손들에게 속량자로 올 것이다."

하나님의 포고다.

21 **하나님**께서 말씀하신다. "자, 내가 그들과 맺는 언약은
이러하다. 내가 네 위에 둔 나의 영과 선포하라고 준 나의
말들이, 너와 네 자녀와 네 자손들의 입에서 떠나지 않을 것
이다. 너는 언제까지나 이 말들을 반복하게 될 것이다." 하
나님의 명령이다.

예루살렘이 받을 영광

60

1-7 "예루살렘아, 일어나라!
깨어나, 해를 맞아라.
하나님의 빛나는 영광이 너를 위해 솟아올랐다.
온 땅이 어둠에 싸였고
온 백성이 깊은 어둠 속에 잠겼으나,
네 위로 **하나님**이 떠오르시고,
그분의 새벽빛 영광이 동터 올랐다.
민족들이 너의 빛을 향해,
왕들이 너의 찬란한 광명 앞으로 나아올 것이다.
위를 올려다보아라! 주위를 둘러보아라!
그들이 너에게 몰려오는 광경을 보아라.
너의 아들들이 먼 곳에서 돌아오며,
너의 딸들이 유모의 품에 안겨서 온다.
그 모습을 보며, 너는 미소 가득 함박웃음을 지으리라.

너의 가슴이 벅차오르리라. 터질 듯 벅차오르리라!
바닷길로 귀향해 오는 저 유랑민들,
뭇 민족들에게서 거두어들인 풍성한 수확이로다!
눈 닿는 곳까지 이어지는 저 낙타와 대상들의 행렬을 보아라.
미디안과 에바 유목민들의 쌩쌩한 낙타들이
금과 유향을 잔뜩 지고서,
하나님을 찬양하며
남쪽 스바로부터 쏟아져 들어온다.
뿐만 아니라. 게달과 느바욧의 유목민들이 무수한 가축 떼를 몰고 온다.
내가 내 영광스런 성전을 광채로 둘러쌀 때 내 제단에 바쳐질 합당한 예물들이다.

8-22 저기 멀리 보이는 것이 무엇이냐?
지평선을 덮는 구름처럼, 하늘을 뒤덮는 비둘기 떼처럼 오는 저것은.
바로, 먼 섬에서 오는 배들이다.
그 유명한 다시스의 배들이,
먼 곳에서 너의 자녀들을 태우고 온다.
금은보화를 가득 싣고
너의 **하나님**, '이스라엘의 거룩한 이'의 보호를 받으며 온다.
그의 광채에 둘러싸여 온다.
이방인들이 너의 성벽을 재건하고.

그 왕들이 예배를 인도하는 네 일을 도울 것이다.
내가 노하여 너를 심하게 쳤지만,
이제는 너를 어루만져 주련다.
너의 예루살렘 성문들은 늘 열려 있어,
밤낮으로 개방되리라!
그리로 뭇 민족들이 가져오는 재물을 받을 것이다.
각 나라의 왕들이 직접 가져올 것이다!
재물을 바치지 않는 민족이나 나라는 멸망할 것이다.
그런 민족은 초토화될 것이다.
레바논의 우람한 나무들,
잣나무, 상수리나무, 소나무들을 가져와
내 성소를 장려하게 단장할 것이다.
내 발을 놓은 그곳을 내가 영광스럽게 만들리라.
너를 압제했던 자들의 후손들이
굽실거리며 네게 나아오고,
너를 깔보던 자들이
네 앞에서 머리를 조아릴 것이다.
그들은 너를 '**하나님**의 성읍'이라,
'이스라엘의 거룩하신 분의 시온'이라 부를 것이다.
얼마 전까지만 해도 너는 아무도 거들떠보지 않는,
멸시받는 피난민이었다.
그러나 이제 내가 너를 일으켜 세웠으니,
대대로 우뚝 서 있을 너의 모습, 모두가 기쁘게 우러르리라!

네가 민족들의 젖을 빨고
그 왕족들의 젖을 빨게 되는 날,
나 **하나님**이 너의 구원자이고,
너의 속량자이며, '야곱의 용사'임을 알게 되리라.
나는 너에게 최고의 것만 줄 것이다. 너절한 것이나 받던 시
절은 끝났다!
구리 대신 금을, 철 대신 은을,
나무 대신 구리를, 돌 대신 철을 줄 것이다.
나는 평화가 너의 나라 최고경영자가 되게 하겠고,
의가 너의 상관이 되게 하겠다.
너의 땅에 더 이상 범죄 뉴스가 없을 것이며,
강도질도, 파괴 행위도 사라지리라.
너는 네 중심가를 '구원의 길'이라 이름 붙이고,
마을 한가운데에 '찬양 공원'을 조성할 것이다.
너는 낮의 해와
밤의 달빛이 필요 없을 것이다.
하나님이 너의 영원한 빛이 되고,
너의 하나님이 너를 광명으로 둘러쌀 것이다.
너의 해는 지는 법이 없겠고,
너의 달도 기우는 법이 없을 것이다.
내가 너의 영원한 빛이 될 것이다.
너의 암울했던 시절은 이제 지났다.
네 백성 모두가 영원히 그들 차지인 땅에서

의롭고 풍성한 삶을 누릴 것이다.
그들은 내가 내 영광을 보여주기 위해,
내 손으로 직접 심은 푸른 새싹이다.
꼬마 부족이 거인 부족이 될 것이며,
약골들이 모여 강력한 민족을 이룰 것이다.
나는 **하나님**이다.
때가 되면, 내가 그렇게 만들 것이다."

기쁜 구원의 소식

61
1-7 **하나님**께서 내게 기름을 부어 주시니,
주 **하나님**의 영이 내게 임하셨다.
주께서 나를 보내어 가난한 이들에게 복된 소식을 전하고,
마음 상한 자들을 치유하며,
포로 된 이들에게 자유를,
감옥에 갇힌 이들에게 사면을 선포하게 하셨다.
하나님께서 나를 보내어 당신의 은혜의 해가 임했고,
우리의 모든 원수를 섬멸하셨음을 선언하며,
슬퍼하는 이들을 위로하게 하셨다.
시온에서 슬퍼하는 이들의 사정을 돌아보게 하시고,
그들에게 재 대신 꽃다발을,
슬픈 소식 대신 기쁜 소식을 안겨 주게 하셔서,
시들했던 그들의 마음에 찬양의 꽃을 피우게 하셨다.
그들의 이름을 '의의 참나무'로 고쳐 불러라.

그들은 **하나님**께서 당신의 영광을 보이시기 위해 심은 나무다.
그들은 오래된 폐허를 재건할 것이며,
그 잔해 위에 새로운 성읍을 일으켜 세울 것이다.
그들은 무너진 성읍에서,
그 잿더미로부터 다시 시작할 것이다.
너희는 외부인을 고용해 너희의 가축을 치게 하고,
이방인을 고용해 너희의 밭일을 하게 할 것이다.
너희는 '**하나님**의 제사장들'이라 불려지고,
하나님의 사역자로 높임을 받게 될 것이다.
너희는 뭇 민족들이 내어주는 부를 향유하고,
그들의 영광을 누리게 될 것이다.
지금까지 너희는 갑절로 고난을 받아 왔고
너희의 몫 이상으로 수치를 당했으니,
이제 그 땅에서 갑절로 유산을 받을 것이며
너희의 기쁨은 영원히 지속될 것이다.

8-9 "나 **하나님**은 공정한 거래를 사랑하고
도둑질과 범죄를 미워하니,
나는 너희가 받아야 할 삯을 제때에 충분히 지불할 것이며
너희와 영원한 언약을 맺을 것이다.
너희 자손들은 온 세상에 이름을 날리게 될 것이다.
이방 나라 사람들은 너희 자녀들을
내가 축복해 준 자들로

단번에 알아볼 것이다."

10-11 나, **하나님** 안에서 기뻐 노래하리라.
내 영혼 깊은 곳에서 찬양이 터져 나온다!
그분께서 나를 예복을 입은 신랑같이
보석 박힌 관을 쓴 신부같이
구원의 옷을 입히시고,
의를 겉옷처럼 두르게 하셨다.
봄이 오면 들꽃이 만발하고
꽃동산이 펼쳐지듯,
주 **하나님**께서 의를 활짝 꽃피우시고
민족들 앞에 찬양을 펼쳐 보이시리라.

보아라, 너의 구원자가 오신다!

62

1-5 시온의 의가 해처럼 빛날 때까지,
나는 가만히 입 다물고 있을 수 없다.
예루살렘의 구원이 불꽃처럼 타오르기까지,
나는 그저 잠자코 있을 수 없다.
이방 나라들이 너의 의를 볼 것이고,
세계 지도자들이 너의 영광을 보게 될 것이다.
너는 **하나님**께서 친히 불러 주시는,
전혀 새로운 이름을 얻을 것이다.
너는 **하나님**의 손바닥에 놓인 휘황찬란한 왕관,

하나님의 손에 들린 보석 박힌 금잔이 되리라.
더 이상 너를 '버림받은 자'라 부르지 않고,
너의 나라도 더 이상 '폐허'로 불리지 않을 것이다.
너는 '헵시바'(나의 기쁨)라 불리고,
너의 나라는 '뿔라'(결혼한 여자)라 불릴 것이다.
하나님께서 너를 기뻐하시고,
네 땅은 결혼 축하연이 벌어지는 곳 같을 것이기 때문이다.
젊은 신랑이 처녀 신부와 결혼하듯
너를 지으신 분께서 너와 결혼하실 것이며,
신랑이 자기 신부를 좋아하듯
너의 하나님이 너를 좋아하실 것이기 때문이다.

6-7 예루살렘아, 내가 너의 성벽 위에 파수꾼을 세웠다.
그들이 밤낮으로 그 자리를 지키고 기도하며 부르짖어,
하나님께 약속을 상기시켜 드릴 것이다.
말씀하신 바를 행하실 때까지,
예루살렘을 평화의 성읍으로 높이실 때까지,
그분을 쉬시지 못하게 할 것이다.

8-9 **하나님**께서 맹세하셨다.
엄숙히 맹세하셨다.
"다시는 너의 양식 창고가
원수들에게 털리는 일이 없게 할 것이다.

다시는 네가 수고해 만든 포도주를
이방인들이 마셔 버리는 일이 없게 할 것이다.
그렇다. 식량을 재배하는 농부가 그 식량을 먹으며
하나님을 찬양할 것이다.
포도주를 만드는 자들이 나의 거룩한 안뜰에서
그 포도주를 마실 것이다."

10-12 성문 밖으로 나가라. 서둘러라!
돌아올 백성을 위해 길을 내어라.
큰길을 닦아라. 공사를 시작하여라!
자갈들을 치우고
깃발을 높이 들어, 모든 백성에게 신호를 보내라!
그렇다! **하나님**께서 세계만방에 선포하셨다.
"딸 시온에게 말하여라. '보아라! 너의 구원자가 오신다.
말씀하신 일을 행하시려고,
약속하신 바를 이루시려고 그분이 오신다.'"
시온은 새 이름으로 불릴 것이다.
'거룩한 백성', '**하나님**이 속량하신 자',
'찾아낸 바 된 자', '버림받지 않은 성읍'이라 불릴 것이다.

하나님의 구원의 날

63

¹ 파수꾼이 힘껏 외친다.
"거기, 붉게 물든 옷을 입고

에돔과 보스라에서 나오는 당신은 누구신가요?
그처럼 빛나는 차림을 하고
원기왕성하게 전진해 오시는 당신, 그 이름을 말씀해 주십
시오!"

"나다. 옳은 말을 하는 나,
구원할 힘을 가진 나다!"

2 "그런데 의복이 왜 그렇게 붉은가요?
포도주 틀을 밟고 나온 것처럼, 왜 그렇게 옷이 붉게 물들었
나요?"

3-6 "나 혼자서 포도주 틀을 밟았다.
나를 도와주는 자 아무도 없었다.
나는 노하여 포도를 밟았다.
진노하여 그 백성을 짓밟았다.
그들의 피가 내게 튀었다.
내 옷은 피로 완전히 젖었다.
내가 보복하기로 작정한 때,
속량을 행할 때가 이르렀기 때문이다.
나를 도와줄 사람이 있는지 둘러보았지만,
아무도 없었다.
믿을 수 없었다.

누구 하나 자원하여 나서는 자가 없었다.
그래서 나는 혼자서 그 일을 했다.
나의 노를 힘입어 했다.
노하여 그 백성을 짓밟았고,
진노하며 그들을 밟아 뭉갰다.
그들의 피로 땅을 흠뻑 적셨다."

7-9 내가 열거해 보겠다. **하나님**의 자애로운 업적을,
하나님이 행하신 찬양받으실 일들을,
하나님께서 주신 풍성한 선물들을.
이스라엘 가문에 베푸신 크신 인애,
그 넉넉한 긍휼과
넘치는 사랑을.
그분께서 "정녕 이들은 나의 백성이다.
나를 배신하지 않을 자녀들이다"라고 말씀하시고,
그들의 구원자가 되어 주셨다.
그들이 고난을 당할 때,
당신도 친히 함께 고난을 겪으셨다.
누구를 대신 보내 그들을 돕게 하지 않으시고,
그분이 직접 나서서 도와주셨다.
당신의 사랑과 동정에 이끌려
그들을 속량해 주셨다.
그분은 그들을 건지시고 아주 오랜 세월,

그들을 안고 가 주셨다.

10 그런데 그들은 그분께 등을 돌렸다.
그분의 성령을 슬프시게 했다.
그래서 그분도 그들에게 등을 돌리셨고,
그들의 적이 되어 몸소 그들과 싸우셨다.

11-14 그러자 그들은 옛 시절을 떠올렸다.
하나님의 종, 모세의 때를.
"당신의 양 떼의 목자들을
바다에서 올라오게 하신 그분, 지금 어디에 계시는가?
그들 속에 당신의 성령을 두신 분,
지금 무엇을 하고 계시는가?
모세의 오른팔에 당신의 팔을 올려
그들 앞에서 물을 가르신 분,
그를 대대로 유명하게 만드셨으며,
그들을 이끌어 진흙뻘 심연을,
굳은 평지를 디디는 말들처럼 통과하게 하신 그분은 누구신가?
초장으로 인도되는 가축 떼처럼,
하나님의 영이 그들에게 안식을 주셨다."

14-19 주께서는 그렇게 주의 백성들을 인도하셨습니다!
그렇게 주의 이름이 널리 알려졌습니다!

하늘에서 우리를 굽어 살펴 주십시오!
주의 거룩하고 장대한 집 창문 밖으로 내려다봐 주십시오!
주님의 그 열정,
주님의 그 높으신 권능의 역사들, 이제 어디로 갔습니까?
주님의 진심어린 동정과 자비하심, 이제 어디에 있습니까?
어찌하여 물러서 계십니까?
주님은 우리 아버지이십니다.
아브라함과 이스라엘은 오래전에 죽었습니다.
그들은 우리를 전혀 알아보지 못합니다.
그러나 주님은 우리의 살아 계신 아버지이십니다!
영원 전부터 이름 높으신 우리의 속량자이십니다.
하나님, 어찌하여 우리가 주의 길을 떠나 방황하게 하셨습니까?
왜 우리를 냉담하고 완고한 자들로 만드셔서,
더 이상 주를 경외하지 않고 예배하지도 않게 하셨습니까?
주의 종들을 돌아보아 주십시오.
주님은 우리의 주인이십니다! 우리는 주의 소유입니다!
주의 거룩한 백성이 주의 거룩한 곳을 잠시 차지했으나,
이제 그곳은 우리의 원수들에게 완전히 파괴되었습니다.
오래전부터 주님은 우리에게 눈길 한번 주지 않으셨습니다.
마치 우리를 전혀 모르시는 분 같습니다.

64
¹⁻⁷ 오, 주께서 하늘을 찢고 내려오신다면!
산들이 주님 앞에서 오들오들 떨 것입니다.
숲에 불이 붙듯,
물이 불에 끓듯 할 것입니다.
주를 대면한 주의 적들, 공포에 휩싸이고,
민족들은 사시나무 떨듯 떨 것입니다!
전에 주께서는 우리가 감히 생각지 못한 놀라운 일들을 행하셨습니다.
이곳에 내려오셔서, 산들이 주님 앞에서 오들오들 떨게 만드셨습니다.
당신을 기다리는 자들을 위해 역사하시는
주님과 같은 신은,
시간이 시작된 이래
누구도 상상하지 못했고,
어떤 귀도 듣지 못했으며, 어떤 눈도 보지 못했습니다.
주께서는 의로운 일을 기쁘게 행하는 이들,
주의 길을 기억하고 따르는 이들을 만나 주시는 분입니다.
그러나 주께서는 우리에게 얼마나 노하셨던지요!
우리는 죄를 지었고, 너무 오랫동안 죄를 고집했습니다!
이런 우리에게, 희망이 있는지요? 이런 우리가, 구원받을 수 있겠는지요?
우리는 모두 죄에 감염된 자들, 죄에 오염된 자들입니다.
최선을 다한 노력도 때 묻은 누더기에 불과합니다.

우리는 가을 낙엽처럼 말랐습니다.
죄로 말라 버린 우리, 바람에 날려 갑니다.
주께 기도하는 자,
주께 이르려고 애쓰는 자, 아무도 없습니다.
주께서 우리에게 등을 돌리시고,
우리를 우리 죄 속에 내버려 두셨기 때문입니다.

8-12 그럼에도 **하나님**, 주님은 여전히 우리 아버지이십니다.
우리는 진흙, 주님은 우리의 토기장이십니다.
우리는 다 주의 작품입니다.
오 **하나님**, 너무 노하지는 말아 주십시오.
우리 잘못을 영원히 기록해 두지는 말아 주십시오.
부디 우리가, 지금도 주의 백성인 것을 기억해 주십시오.
주의 거룩한 성읍들이 유령마을로 변했습니다.
시온은 유령마을이 되었고,
예루살렘은 잡초밭이 되었습니다.
우리 조상들이 주를 향한 찬양으로 가득 채웠던
거룩하고 아름다운 성전은
불타서 잿더미가 되었고,
우리의 아름다운 공원과 동산들도 다 폐허가 되었습니다.
하나님,
이러한데도 보고만 계실 작정이십니까?
아무 말씀도 하지 않으시렵니까?

이제는 충분히, 우리를 오랫동안 비참하게 내버려 두지 않
으셨습니까?

심판과 구원

65

1-7 "애써 청하지 않는 자들에게도
나는 기꺼이 응하려 했다.
애써 찾지 않는 자들도
나는 기꺼이 만나 주려 했다.
내가 늘 '여기 있다. 바로 여기 있다'고 말해 주던 민족,
그들이 나를 무시했다.
내가 날마다 손을 내밀어 주던 백성,
그들이 내게 등을 돌리고
그릇된 길로 갔다.
제멋대로 하기를 고집했다.
그들은 내 마음을 상하게 하고
날마다 내 앞에서 무례하게 굴면서,
자기 부엌에서 만든 종교,
잡탕 종교를 만들어 낸다.
그들은 죽은 자들의 메시지를 듣겠다며
무덤 속에서 밤을 지새우고,
금지된 음식을 먹으며
마법의 약물을 들이킨다.
그러고는 '물렀거라.

내게 가까이 오지 마라. 이 몸은 너희보다 거룩하다'고 말한다.
이런 자들, 내 속을 뒤집는다.
그들이 내는 악취를 나는 참을 수가 없다.
이것을 보아라! 여기,
그들의 죄가 전부 기록되어 있는 목록을 내가 들고 있다.
나는 더 이상 참지 않을 것이다.
그들로 하여금 값을 치르게 할 것이다.
그들 자신의 죄와,
거기에 더해
그들 부모의 죄에 대해서도." 하나님께서 말씀하신다.
"그런 신성모독을 자행하고
언덕 위 산당들에서 나를 모독한 그들이기에,
그 결과를 맛보게 하겠다.
그들이 저지른 행위에 대한 대가를 톡톡히 치르게 할 것이다."

8-10 **하나님**의 **메시지**다.

"그러나 사과 하나가 썩었다고 사과 농사 전부를 망친 것은
아니며,
여전히 좋은 사과들도 많이 남아 있다.
이스라엘 안에서 내게 순종하는 자들은 내가 보존해 줄 것
이다.

나는 이 나라 전체를 멸망시키지는 않을 것이다.
야곱으로부터 나의 참 자녀를 데리고 나올 것이며,
나의 산들을 상속받을 자들을 유다에서 데리고 나올 것이다.
나의 택함을 받은 자들이 그 땅을 상속받을 것이며,
나의 종들이 거기 들어가 살 것이다.
서쪽의 울창한 샤론 골짜기는
양 떼를 위한 초장이 되고,
동쪽의 아골 골짜기는
가축을 방목하는 곳이 될 것이다.
힘써 내게 나아오는 자들, 힘써 나를 원하는 자들,
진심으로 나를 찾는 백성들이 이것을 누리게 되리라."

❧

11-12 "그러나 너희 하나님인 나를 버리고
거룩한 산을 잊은 너희,
행운의 여신을 위해 상을 차리고
운명의 남신을 위해 술 파티를 여는 너희는,
결국, 너희가 구한 것을 얻을 것이다. 너희 운명이 이루어질
것이다.
너희 숙명인 죽음을 맞게 되리라.
내가 초대했지만 너희가 나를 무시했고,
내가 말을 건넸지만 너희가 나를 외면했기 때문이다.
너희는 내가 악으로 지목한 바로 그 일들을 했고,

내가 미워하는 짓만 골라서 행했다."

13-16 그러므로, 주 **하나님**께서 주시는 **메시지다**.

"나의 종들은 먹겠지만
너희는 굶주릴 것이다.
나의 종들은 마시겠지만
너희는 목마를 것이다.
나의 종들은 기뻐 환호하겠지만
너희는 부끄러워 머리를 숙일 것이다.
나의 종들은 마음이 즐거워 웃겠지만
너희는 마음이 아파 울 것이다.
그렇다. 영혼이 찢겨 울부짖을 것이다.
너희는 내가 택한 백성들이
악담할 때 쓰는 이름으로나 남을 것이다.
나 **하나님**이 너희를 죽음에게 넘기겠고,
나의 종들에게는 새 이름을 줄 것이다.
그러면 땅에서 복을 구하는 자는 누구나
나의 신실한 이름으로 복을 구할 것이며,
땅에서 맹세하는 자는 누구나
나의 신실한 이름으로 맹세할 것이다.
내가 지난날의 괴로움을 되새기지 않고 잊었으며,
눈앞에서 깨끗이 지워 버렸기 때문이다."

새 하늘과 새 땅

17-25 "보아라.

내가 새 하늘과 새 땅을 창조할 것이다.

이전의 괴로움과 혼돈과 고통은,

모두 옛적 일이 되어 잊혀질 것이다.

기뻐하며 앞을 보아라.

내가 창조할 것을 내다보아라.

나는 예루살렘을 순전한 기쁨이 되게 창조할 것이요,

나의 백성이 청정한 즐거움이 되게 창조할 것이다.

나는 예루살렘을 보며 기뻐하겠고,

내 백성을 보며 즐거워할 것이다.

그 성읍에서는 더 이상 우는 소리나

울부짖는 소리가 들리지 않으며,

갓난아기들이 죽거나

노인들이 천수를 누리지 못하는 일이 없으리라.

백세수가 흔한 일이 되고,

그에 못 미치면 비정상으로 여겨질 것이다.

그들은 집을 짓고,

거기 들어가 살 것이다.

밭을 경작하여,

거기서 기른 것을 먹을 것이다.

그들이 지은 집을

다른 사람이 차지하는 일이 없겠고,

그들이 경작해 얻은 수확을
적이 빼앗아 가는 일도 없을 것이다.
나의 백성은 나무처럼 장수하고,
나의 택한 자들은 자기 일에서 만족을 누리며 살 것이다.
일하고도 아무 소득을 얻지 못하거나,
자녀를 잃는 불상사도 없을 것이다.
그들이 **하나님**께 복을 받았고,
그들의 자녀와 자손도 **하나님**께 복을 받았기 때문이다.
그들이 외쳐 부르기 전에, 내가 응답할 것이다.
그들이 말을 다 끝내기도 전에, 내가 알아들을 것이다.
이리와 어린양이 풀밭에서 함께 풀을 뜯고,
사자와 황소가 구유에서 여물을 먹을 것이다.
그러나 뱀은 흙을 파먹고 살 것이다!
나의 거룩한 산에서는,
동물이나 사람이 서로 해치고 죽이는 일이 없을 것이다."
하나님의 말씀이다.

하나님께 드릴 산 예배

66 ¹⁻² **하나님의 메시지다.**

"하늘은 나의 보좌요,
땅은 나의 발 받침대다.
그러니 너희가 나를 위해 무슨 집을 짓겠다는 것이냐?

나를 위해 무슨 휴양처를 만들겠다는 말이냐?
만물을 만든 이가 나다! 만물의 주인이 나다!"
하나님의 포고다.
"그러나 내가 찾는 것이 있다.
나는 순수하고 소박한 사람,
내 말에 떨며 응답하는 사람을 찾는다.

3-4 너희의 예배는,
죄짓는 행위나 다름없다.
황소를 잡아 바치는 너희 희생 제사,
이웃을 살해하는 짓과 다름없다.
너희의 예물 봉헌,
제단에 돼지 피를 마구 뿌리는 짓과 다름없다.
너희의 기념물 봉헌,
우상을 칭송하는 짓과 다름없다.
너희 예배는, 너희 자신을 섬기는 예배다.
자기중심적인 예배를 드리며 즐거워하는 너희여, 이제 역겹다!
나는, 너희가 하는 일이 얼마나 어처구니없는지 폭로하고,
너희가 가장 두려워하던 일이 너희에게 들이닥치게 하겠다.
내가 너희를 초대했지만 너희가 나를 무시했고,
내가 너희에게 말을 건넸지만 너희가 나를 외면했기 때문이다.
너희는 내가 악으로 지목한 바로 그 일들을 했고,
내가 미워하는 짓만 골라서 행했다."

5 그러나 **하나님**의 말씀에 떨며 응답하는 너희여,
그분이 너희에게 하시는 말씀을 들어라.
"나로 인해 너희가
친족들의 미움을 받고 쫓겨난다.
그들은 '어디 **하나님**의 영광을 보여줘 봐라!
하나님이 그렇게 위대한 분이라면,
우리는 지금 왜 행복하지 못한 거지?'하며 너희를 조롱한다.
그러나 결국 부끄러움을 당할 자들은
그들이다."

6 성읍에서 우르릉대는 천둥소리가 들려온다!
성전에서 한 음성이 울려 나온다!
당신의 적들에게 심판을 내리시는
하나님의 음성이다.

7-9 "진통이 오기도 전에
아기를 낳았다.
산고를 겪기도 전에
아들을 낳았다.
이런 일을 들어본 적이 있느냐?
이런 일을 본 사람이 있느냐?
하루 만에 나라가 태어날 수 있느냐?

눈 깜짝할 사이에 민족이 태어날 수 있느냐?
그러나 시온은,
산고 없이 아이들을 낳았다!
모태를 여는 내가,
아기를 낳게 해주지 않겠느냐?
아기를 낳게 해주는 내가,
모태를 닫아 버리겠느냐?

10-11 예루살렘아, 기뻐하여라.
그녀를 사랑하는 모든 자들아, 즐거워하여라!
그녀를 생각하며 눈물 흘렸던 너희여,
이제 함께 즐거이 노래 불러라.
갓 태어난 너희여,
그녀의 젖가슴에서 마음껏 젖을 빨아라.
그 풍족한 젖을 실컷 빨며
마음껏 즐거워하여라."

12-13 하나님의 메시지다.

"나는 견고한 평안이 강물처럼,
민족들의 영광이 홍수처럼, 그녀에게 쏟아져 들어가게 할
것이다.
너희는 그녀의 젖을 빨고

그녀의 품에 안길 것이며,
그녀의 무릎 위에서 놀 것이다.
어머니가 제 자식을 위로하듯,
내가 너희를 위로해 줄 것이다.
예루살렘에서 너희가 위로를 얻을 것이다."

14-16 너희는 이 모든 것을 보고 기쁨으로 충만하리라.
사기가 충천하리라.
하나님께서 너희 편에 서시며,
당신의 원수들을 대적하시는 모습이 명백하기 때문이다.
하나님께서 들불처럼 오시고,
그분의 병거가 회오리바람같이 들이닥친다.
그분이 불같이 노를 터뜨리시며,
맹렬한 화염같이 꾸짖으시며 오신다.
하나님께서 불로 심판을 내리시고,
모든 인류에게 사형선고를 내리신다.
많은 자들이, 오, 너무도 많은 자들이
하나님께로부터 사형선고를 받는다.

17 "신성한 숲에 들어가 부정한 입교의식을 치르고, 돼지와
쥐를 먹는 부정한 식사의식에 참여하는 자들은, 다 같이 먹
다가 다 같이 죽을 것이다." **하나님**의 포고다.

18-21 "나는 그들의 행위와 생각을 전부 알고 있다. 내가 가서 모두를, 언어가 다른 모든 민족을 불러 모을 것이다. 그들이 와서 나의 영광을 볼 것이다. 나는 세계의 중심 예루살렘에 본부를 설치하고, 심판에서 살아남은 자들을 세계 각지로 보낼 것이다. 스페인과 아프리카, 터키와 그리스를 비롯해, 내 이름을 들어 본 적 없고 내가 행한 일과 나에 대해 전혀 알지 못하는 먼 섬들에게까지 보낼 것이다. 내가 그들을 선교사로 보내어, 민족들 가운데서 나의 영광을 선포하게 할 것이다. 그들은 오래전에 잃었던 너희 형제자매들을 세계 각지로부터 데리고 돌아올 것이다. 돌아와서, **하나님**께 산 예배를 드리며 그들을 바칠 것이다. 그들을 말과 수레와 마차에 태워, 노새와 낙타에 태워, 나의 거룩한 산 예루살렘으로 곧장 데려올 것이다." **하나님**께서 말씀하신다. "그들은 이스라엘 사람들이 **하나님**의 성전에서 제의 그릇에 예물을 담아 바치듯, 그들을 내게 바칠 것이다. 나는 그들 가운데서 일부를 제사장과 레위인으로 세울 것이다." **하나님**께서 말씀하신다.

22-23 "내가 지을 새 하늘과 새 땅이
내 앞에서 굳건히 서듯이,
너희 자녀들과 너희 명성도
바로 그렇게, 굳건히 설 것이다."
하나님의 포고다.
"달마다, 주마다,

모든 사람이 내게 나아와 예배할 것이다." **하나님**께서 말씀
하신다.

24 "그리고 밖으로 나가서,
나를 대적하고 반역했던 자들이 결국 어떻게 되었는지 보게
될 것이다.
그 시체들을 보게 될 것이다!
끝없이 구더기들에 파먹히고,
땔감이 되어 끝없이 불에 타는 모습.
그 광경을 보고 그 악취를 맡은 사람은 누구나,
구역질을 할 것이다."